JN270658

子どもと英語をきたえなさい

「お母さんのガミガミ英語」主宰
戸張郁子
Tobari Ikuko

「文法・構文」が自然と身につくお母さんの基本フレーズ56

情報センター出版局

はじめに

英会話教室に通う子どもと、フツウの大人と

今年で小学校5年生になる息子が通っているスイミングクラブでのひとコマ。友人のN君が、待合室にいた女子高生にこう聞いた。「ファイヤーファイターって、何か知ってる？」。

N君は、彼女がよく待合室で英語の教科書を読んでいることを知っていた。私は「知ってるに決まってるじゃない」という答えがあっさりと返ってくるとばかり思っていたのだが、彼女は「えー、火のファイターって何だろ？」と、まるでなぞなぞでも解くように考えこんだ。

小学生からの質問だったので、とんち問題だと思ったのかもしれない。が、その後のふたりのやりとりから察するに、彼女の辞書に"fire fighter"の文字はなかったようである。

"fire fighter"＝消防士という単語は、比較的新しい。以前は消防士といえば"fireman"だったが、男女平等の考え方から、男性にも女性にも使えるようにかたちを変えたものだからである。

実はN君もそうだが、英語教室に通っている子どもたちは、大人も知らない英語の名詞をけっこう知っている。そのことは子どもにとっていくらかの自信につながるだろうし、子どもを英語教室に通わせているお母さんも、「身についているわ」とニンマリして、家庭内にハッピーな空気が生まれるだろう。

しかし、ほんとうのところ、英会話を習っている子どもとフツウ

の大人（英語に日常的にかかわっていない人々）の英会話力にどれぐらいの差があるのだろうか。

　また、今は子どもだからフツウの大人にもかなわない程度の英会話力だったとしても、今から始めることで、彼らを超えていく可能性はどのぐらいあるのか……。「お母さんの声かけ英語」を実践しているお母さんたちのあいだでは、このことがよく話題になる。

　「今は"Good morning."って言えるとすごいってことになるけど、ほっといてもそのぐらいは言えるようになるもんね。だからそのレベルのことを早く覚えて喜んでたってしょうがないんじゃない？」

　「そうよね。大人どころか、中学に入ったら、初めて英語をやる子ときっとすぐに差がなくなるわよ」

　「そうならないためにはどうしたらいいの？」

　などなど…、彼女たちは意識して家で子どもと英語で話しているのだから、子どもたちもある程度英語になじんでいる。話を聞くと、わが家よりもよっぽど恵まれた英語環境だったりする。それでも、やっぱり心配なのだ。

　ああだこうだと議論するうち、「結局、お母さんがもっともっとたくさんのことを英語で話さないといけないってことじゃないの？」ということになる。

　ああ、耳が痛い。でもそうなのだ。お母さんが"Good morning."や"I'm hungry."に満足していてはいけないのだ。自分の英語をもっと鍛えなければ。スポーツと同じで、鍛えればきっと向上すると信じて。そして子どもの英語をひっぱっていくのだ。

子どもが赤ちゃんから、幼児、小学生へと成長するにつれ、親はだんだんにむずかしいことも話すようになるのが自然ではないか。日本語では無意識のうちにやっていることなのだから…。

フレーズの次はモード
　昨年、一昨年と『子どもは英語でしつけなさい』『子どもに英語でこたえなさい』という本を出させていただいた時、私の頭の中には「とにかくフレーズ、フレーズ」という思いがあった。
　日本語に「いただきます」「ごちそうさま」のような決まりきったフレーズがあるように、英語にもシチュエーションとフレーズが組みになっているものが多数あるのではないかと思ったからだ。
　そして、それを子どものうちからお母さんの言葉で聞かせることが、日本人の子どもでもネイティブに近い感覚で英語を使えるようになる近道なのではないかと考えたからである。その考えは、自分で実践してみて、ある意味かなり正しかったと確信した。
　ある意味というのは、約5年前「子どもに英語で話しかけよう」と思い立ったころの私に比べれば、現在の私は日常生活の随所に英語のフレーズを出せるようになったし、決まり文句をたくさん覚えることで、AFN放送やアメリカ映画のリスニングも以前よりずいぶん聞きとれるようになった。
　これは、私が通訳者養成の専門学校に通っていたときより、また米国系の会社に勤めていたときよりも明らかに勝っている。
　そしてこの5年のあいだに話しかける私の英語力がグレードアッ

プしていくにつれ、聞かされる子どもの英語力もまた少なからずグレードアップされていったと感じるのは気のせいではないと思う。

しかし、ここで満足してはいけない。決まりきったフレーズは忘れないように頻繁に使うことでマスターしたけれども、ちょっと応用しようとすると、なかなか即座に英語では言えないのはなぜか？

毎日のように届く読者のお母さんからのメールからも感じるが、「これが正解」という訳がなければ、やはり自信がなくて話せないというのは日本人としてあたり前の悩みなのだ。

いつものように英会話談義に花を咲かせていたとき、「でもやっぱり英語で話したい」という声があがった。みんな、その気持ちには素直に共感できた。

そのとき、「これが正解」というフレーズをもっともっとたくさん集めようと思う一方で、それらをいくつかのモード（かたち）に分類できないかという課題が生まれた。

ふだんそんなことを意識してしゃべってはいないが、自分が言いたい日本語の会話文には、その内容に合ったモード（かたち）があるにちがいない。そしてそれに対応する英語のモード（かたち）が見えれば、丸暗記にたよらず、応用して英作文できるスピードが上がるのではないかと思ったのである。

そして、私は「モード」探しを始めた。

モードに慣れると気持ちが見える

わが家のキッチンテーブルの上には「ガミガミ英語虎の巻」とい

うノートがあって、そこにはテレビやラジオ、映画やドラマで出会って「使える」と思ったセリフをランダムに書き込んでいる。それが1年もすると、たまってかなりの数になる。

今回「モード」探しをするために、それらを分類することから始めてみた。すると案の定、ある日本語のモードには、それに対応する英文のかたちがあるのが見えてきたのである。

たとえば「〜するつもり？」なら"Are you going to〜?"というかたちになっていることが多いことや、「いる、ある」という言い回しなら"There is〜"や"There are〜"というかたちになっていることが多いというように。

調子に乗って分けていくうちに、50以上のモードが見つかった。ちょっと多いけれども、自分がよく使うモードからまず覚えるようにして、徐々に使えるモードを増やしていけばいいではないか。自分があまり言わないようなモードは後回しにしよう。

モードを覚えることの効用は、応用がきくようになることである。「今日、映画に行くつもり？」という会話文で大事なことは、「映画に行く」を英語でなんと言うかということよりも、「するつもり？」というモードが英語でどういうかたちになるかということであり、それが"Are you going to〜?"だとわかれば、いろんな「つもり？」文が作れるようになるというわけだ。

そこに入れる「映画に行く」「買い物に行く」「遊びに行く」などは、あとからいくらでも増やしていけばいい。

最近、私がもっとも子どもたちに使うせりふが"Are you going to

play with your friends?(友だちと遊ぶつもり？)"。ちょっとあきれ気味に言って、「また今日も勉強しないわけ？」という感じを出すのがポイントである。

　英作文をするのにひとつひとつの単語を出しきってから並べ替えるのと、先にモードを思い浮かべてから単語をあてはめていくのと、どちらが作りやすいかということは人それぞれで一概には言えないけれど、私はモードに慣れるとこっちのほうが早いと思う。

　さて、かんじんなのは、お母さんがモードを意識して声かけするようになったことで、自分ばかりか子どもの英語まで鍛えることができるかということである。

　ひとつ思うのは、話し手の気持ちを大きくつかむのに役立つだろうということだ。同時通訳者が一文を最後まで聞き終わらないうちに訳せるのも、英文のかたちとニュアンスを把握しているからではないかと思う。

　耳に入ってきた単語をひとつひとつ追うのではなくて、文全体のかたちから相手の言いたいことをつかむこと。そういうセンスのようなものこそが、小さいときから英語にふれているかどうかの差となっていくのではないかと思うこのごろである。

CONTENTS

はじめに
　英会話教室に通う子どもと、フツウの大人と
　フレーズの次はモード
　モードに慣れると気持ちが見える

Ⅰ お母さんの使える口グセを モードで応用してみよう

〈一日のはじまり〉

口グセ01◆～している（I'm doing）モード　16

口グセ02◆～に慣れた（I'm used to ～）モード　19

口グセ03◆～の時間よ（It's time to ～）モード　20

口グセ04◆～した、だった（I did）モード　22

口グセ05◆もってる（I have got）モード　26

口グセ06◆～してほしい（I want you to do ～）モード　28

口グセ07◆いわゆる現在形（I do）モード　30

口グセ08◆～しないと…（～ or …）モード　32

口グセ09◆言う、言った（I say／I tell）モード　34

口グセ10◆予定（I'm doing）モード　38

◎もっと〈一日のはじまり〉のフレーズ　41

〈友だち・遊び・勉強・スポーツ〉

口グセ11◆過去に近い完了(I have done)モード　44

口グセ12◆ずっとしている(I have been doing)モード　48

口グセ13◆〜したら(If I do／when I do)モード　50

口グセ14◆〜まで、までに(by／until)モード　52

口グセ15◆〜はむだ(It's a waste of 〜)モード　56

口グセ16◆ごめんね(I'm sorry)モード　58

口グセ17◆〜しているのを見る(I see 〜 doing)モード　60

口グセ18◆〜はどう？(How 〜?)モード　62

◎もっと〈友だち・遊び・勉強・スポーツ〉のフレーズ　65

〈食事タイム〉

口グセ19◆〜したことがある(I have done)モード　70

口グセ20◆だといいけど(I hope)モード　72

口グセ21◆〜してくれる？(Can you 〜?)モード　74

口グセ22◆〜していい？(Can I 〜?)モード　76

口グセ23◆〜したいの？ほしいの？(Do you want 〜?)モード　78

口グセ24◆ね、でしょ(, right?)モード　80

口グセ25◆〜より…(I prefer 〜 to …)モード　82

口グセ26◆お手伝い(I help you)モード　86

口グセ27◆〜した…(〜 that …／〜 who …)モード　89

◎もっと〈食事タイム〉のフレーズ　92

〈リビングで〉

口グセ28◆〜するよ(I'll〜)モード 96

口グセ29◆価値あり(It's worth〜)モード 99

口グセ30◆もし〜だったら(If I had done)モード 100

口グセ31◆どの〜(What〜?／which〜?)モード 103

口グセ32◆〜させて(Let me do)モード 104

口グセ33◆そう(so)モード 107

口グセ34◆どのぐらい(How〜?)モード 108

口グセ35◆最高(the〜est)モード 110

口グセ36◆〜のように、とおりに(as I do)モード 112

口グセ37◆びっくり(It's〜ing)モード 114

口グセ38◆じゅうぶん(enough)モード 116

◎もっと〈リビングで〉のフレーズ 119

CD収録：74分39秒(62トラック)
●ナレーター　Judy Venable　　中川里江
　　　　　　　Anita Sugunan　　岩崎幸子

朝起きてから夜寝るまでの日常生活で、お母さんが子どもによく言う口グセの中から、モード別に使える基本フレーズを56ピックアップ。このモードに慣れれば、他の場面でもいろいろ応用できます。

〈外出〉

口グセ39◆予想、予測(It will)モード 124

口グセ40◆〜しなきゃ(I have to)モード 126

口グセ41◆〜しに行く(I go doing)モード 130

口グセ42◆〜するのを忘れた(I forget to do)モード 132

口グセ43◆雨がやんだら(If it did)モード 135

口グセ44◆何もない(I have nothing)モード 138

口グセ45◆〜することにした(I decided to do)モード 140

口グセ46◆ほしい、したい(I would like)モード 142

口グセ47◆〜みたい(It's like〜)モード 145

◎もっと〈外出〉のフレーズ 148

〈トラブル&アドバイス〉

口グセ48◆その時していました(I was doing)モード 152

口グセ49◆〜と思う(I think)モード 154

口グセ50◆前によくしたわね(I used to do)モード 156

口グセ51◆〜するつもり(I'm going to do)モード 158

口グセ52◆たぶんそうだわ(I might do)モード 160

口グセ53◆〜したほうがいいわ(I should do)モード 162

口グセ54◆ある、いる(there is／there are)モード 164

口グセ55◆〜の間に(While I do)モード 166

口グセ56◆なにか(something／anything)モード 168

◎もっと〈トラブル&アドバイス〉のフレーズ 171

Ⅱ これでなっとく！ お悩みバスターズ

1) 単数、複数、どっちにする？ 176
    ◎よく使う不可算名詞 176
    ◎いつも複数形で使われるおなじみの名詞 177
2) The をつける？ つけない？ 179
3) 前置詞の使いわけ 182
4) have のいろいろ 191
    ◎誰かに何かをしてもらう 191
    ◎食べる 192
    ◎遭遇する 192
    ◎催しがある 192
    ◎したい、ほしい 192
    ◎産む 193
    ◎過ごす 193
    ◎いる 193
    ◎飼っている 193
    ◎ある 194
    ◎よくないことが起きる 194
    ◎味がする 195

一口メモ
- ◎フォニックスで歌うABCのうた 93
- ◎英語のニックネーム 98
- ◎いのちのメッセージ 118
- ◎めんどうくさいは？ 147
- ◎英語でゲームしよう 174

◎お母さんと子どものためのスピーチクリニック 196

【巻末付録】
使いたい表現がすぐにわかる！索引 198

●Special thanks to
Bruce Guilfoile
Thomas N. Hasebe

I

お母さんの使えるログセをモードで応用してみよう

よく言う口グセを文のかたちで覚えれば、
ほかのことを言うときにも応用できるはず。
中学時代にはわからなかった文法用語も
「なんだそういうことだったのか」
と思えたらラッキー。

一日のはじまり

◆〜している (I'm doing) モード
◆〜に慣れた (I'm used to 〜) モード
◆〜の時間よ (It's time to 〜) モード
◆〜した、だった (I did) モード
◆もってる (I have got) モード
◆〜してほしい (I want you to do 〜) モード
◆いわゆる現在形 (I do) モード
◆〜しないと…(〜 or …) モード
◆言う、言った (I say／I tell) モード
◆予定 (I'm doing) モード

　わが家の朝は、子どもたちへの"It's time to get up!(起きる時間よ)"ではじまる。お母さんは子どものマネージャーのようなものだから、つねに時計を気にしながら「〜する時間よ」「〜へ行く時間よ」という声かけをしているはず。

　そこで、朝いちばんのこのフレーズのかたちを覚えておくと、ほかの場面でもいろいろに使える。また、最近は"It's bedtime."のような言い方が、日本語のニュアンスにより近くて簡潔なので気に入っている。子どものためには、同じ意味でいろんな言い方を聞かせてインプットしておくのがいい。

　「起きなさい」というのに、"Rise and shine."という表現を聞くことがある。「太陽のように起きて輝きなさい」というニュアンスかと思うが、"Get up."や"Wake up."よりもしゃれていて好きだ。

　小学校3年生の娘は寝起きがいいが、いくら起こしても起きない5年生の長男には"Are you still sleeping?(まだ寝てるの?)"とあきれ気味に言う。「〜している」というのは学校英語でなじみ深い現在進行形である。母子のあいだで交わされる「なにやってるの?」「面白いことやってるんだよ」のような会話はこのかたちで表すのがぴったりだ。

一日のはじまり

　中学校のとき、初めての英語の教科書で、まず "I like English." のような現在形を学んだ。そのため、どうしても私が英作文するときはまず、「主語+動詞の原型」というかたちで作ってしまう。「ママなにしてるの?」と聞かれて「お仕事してるのよ」と言いたいときに、つい "I work." という文ができてしまうのである。

　そうならないためには、自分が今やっていることについて語るとき、IではなくてI'm まで続けて言うクセをつけることである。be動詞まで出ると、ingをつけたくなるというのも学校英語の習性のようなもの。ためしに言ってみよう。

　朝食を食べながらの会話は、「今日は面談があるわ」「今日の午後はプールがあるわね」のようなスケジュールの確認。「〜する予定ね」というのを、進行形とまったく同じbe+〜ingで表せるというのは、案外知らない人がいるかもしれない。

　未来といえば、willもしくはbe going to doのかたちとは習ったが、ただの進行形でいいならもっと簡単だ。でもネイティブたちは意味を誤解しないのかな。それとも目の前でやっていることではないのに進行形を使ったら、それは「する予定だ」ということを表しているんだな、と理解するのか。

　そういえば、日本語でもおそばの出前を催促すると「今向かってます」と言いながら、実は「これから出ます」を意味していることもある。だから "I'm coming." は「今行ってるわ」ではなくて、「今行くわ」になるのだ。

使えるログセ01 🔴 1

Are you still sleeping?
アー　ユー　スティウ　スリーピン?

まだ寝てるの?

◆〜している（I'm doing）モード

＊be + 〜ingのかたちでおなじみの現在進行形。
主に話をしている今、自分、他人、ものなどに起きていることを表現できます。目の前のことを実況中継しているアナウンサーになった気分で。

ほかの場面で応用しよう！

What are you doing?
ゥワッターユー　ドゥーイン?

なにしてるの?

Please don't make so much noise.
プリーズ　ドンメイク　ソウマッチ　ノイズ

Dad is working.
ダーディズ　ゥワーキン

うるさくしないで。パパはお仕事中よ。

ゥワッターユー　　　　　トーキンガバゥ？
What are you talking about?

なに言ってるの?

アーユー　　　エンジョイン　　　ユアセゥフ？
Are you enjoying yourself?

楽しんでる?

アイム　カウンティンゴウン　　ユー
I'm counting on you.

たよりにしてるわよ。
　　◎count on～で、「～を頼りにする」という意味。

ゥワッツ　　　ハプニン？
What's happening?

どうなってるの?

ルッ!　　ダ　　ゥワーターイズ　ボイリン！
Look! The water is boiling!

見て。お湯がわいてるよ!

ユーアー　　　テリン　　　ミー！
You are telling me!

そんなことちゃんと知ってるよ!
　　◎慣用的な言い方です。

イツ　　クリアリンガッ
It's clearing up.

晴れてきたわね。

イツ　　ゥレイニン　　キャッツァン　　ドッグス
It's raining cats and dogs.

どしゃぶりだわ。

17

アイム　ゥリーディン　アニンタレ スティン　　　ブッカッダ
I'm reading an interesting book at the moment.
モウメン

今、おもしろい本を読んでいるんだ。
《ポイント》その場でやっていなくても、広い意味での「今」していることについて言うこともできます。

アイム　スタディン　　　イングリッシュ
I'm studying English.
今、英語を勉強しているんだ。

ユーアー　　オルウェイズ　ウォッチン　　ティーヴィー
You're always watching TV.
いつもテレビを見てるわね。
《ポイント》alwaysと一緒に使うと、「いつも〜している」。

ユーアー　　オルウェイズ　コンプレイニン
You're always complaining.
いつも文句ばっかり言ってるわね。

ウェアズ　　　タクヤ?　　　ヒーズ　テイキンガ　　バス
"Where's Takuya?" "He's taking a bath."
「タクヤは?」「お風呂に入ってるわよ」
◎ bath（バス）のスは、舌をかみながら。

使えるログセ02 ▶ 2

Are you used to getting up early?
アーユー　　　ユーストゥー　　ゲティンガッ
アーリー？

早起きに慣れた?

◆〜に慣れた（I'm used to 〜）モード

＊なにごとも慣れるがいちばん！ toのあとに動詞をもってきたいときは、〜ing形になることにも慣れましょう。I'm used toとI get used toはどちらでもOK。

ほかの場面で応用しよう！

アーユー　　ユーストゥー　ユア　　スクーライフ？
Are you used to your school life?

学校に慣れた?

ユーウ　ゲッ　ユーストゥー　ダ　ノイズ
You'll get used to the noise.

その音にもすぐ慣れるわよ。

アイム　ユーストゥー　イッ
I'm used to it.

それには慣れてるわ。

アーユー　　ユーストゥー　ユア　　ニュー　シューズ？　　ノウ、ノッティエッ
"Are you used to your new shoes?" "No, not yet."

「新しい靴に慣れた?」「まだだよ」

使えるログセ03 ▶ 🄼 3

イツ タイムトゥー ゲダッ！
It's time to get up!

起きる時間よ。

◆〜の時間よ（It's time to 〜）モード

＊子どもはほっておくと、時間の観念がまるでなし！
だからこの言い方が必要です。

ほかの場面で応用しよう！

イツ レイ イツ タイムトゥー ゴウ ホウム
It's late. It's time to go home.
もう遅いわ。帰る時間よ。

イツ タイムトゥー テイカバス
It's time to take a bath.
お風呂の時間よ。

イツ タイムトゥー ゴウトゥー ベッ
It's time to go to bed.
もう寝る時間よ。

イツァバウタイム
It's about time.
もうそろそろね。

<ruby>It's a bad time.<rt>イツァ　バッタイム</rt></ruby>
It's a bad time.

今、ちょっとタイミングが悪いわ。

It's time you got up.
_{イツタイミュー　　　ガダッ}

もうとっくに起きる時間でしょ。

《ポイント》怒り気味に言うときには、現在の意味でも過去形を使います。

It's time you were in bed.
_{イツタイミューワー　インベッ}

もう寝てるはずの時間でしょ。

It's bath time.
_{イツ　バスタイム}

お風呂の時間よ。

《ポイント》こんな簡単な言い方も便利です。

It's bedtime.
_{イツ　ベッタイム}

もう寝る時間よ。

It's almost lunchtime.／It's almost time for lunch.
_{イツ　オーウモゥス　ランチタイム／イツ　オーウモゥス　タイム　フォア　ランチ}

そろそろお昼ね。

"It's sleep time." "I know."
_{イツ　スリープ　タイム　　アイ　ノウ}

「寝る時間よ」「わかってる」

21

使えるログセ04 ▶ 4

Did you wash your face?
ディジュー　ウォッシュア　　フェイス？

顔、洗った?

◆~した、だった (I did) モード

＊過去のある時のことについて語るときのかたちです。つまり、写真を見ながら説明しているような感じ。ネイティブの子どもたちは絵本の文で早くから過去形と出会います。

ほかの場面で応用しよう！

ユー　ディディッ
You did it.

やったね。

ユー　ディディッタゲン
You did it again.

またやったのね。
　　◎いいことをしたときにも、悪いことをしたときにも。

ユー　ブロウキッ
You broke it.

こわしたわね。

ユー　ロスティッ
You lost it.

なくしたわね。

イッ　スリップトゥ　マイ　マイン
It slipped my mind.

うっかり忘れてたわ。

アイ　ガッタ　フラッタイア
I got a flat tire.

パンクしちゃったわ。
　　◎flat tireは、「平らなタイヤ」。

アイ　ジャス　オウヴァハーディッ
I just overheard it.

小耳にはさんだんだけど。

アイゥワズ　オーゥモウス　キゥドゥ
I was almost killed.

もう少しで死ぬところだったわ。

23

アイゥワズ ニアリィ　　スタング　バイ ア ビー
I was nearly stung by a bee.

もう少しでハチに刺されるところだったわ。

アイ　ディディッ！
I did it!

できたよ！

アイ　ガッ　スタング　バイ　ア　ビー
I got stung by a bee.

ハチに刺された。

アイ スプレインドゥ　マイ　エンクゥ
I sprained my ankle.

足をねんざしちゃった。

アイ ブルー　アウ　マイ　ケンドゥーズ
I blew out my candles.

僕がろうそくをふき消したんだよ。

アイ ウェントゥー　トーキョー　ディズニーラン　　ィエスタデイ
I went to Tokyo Disney Land yesterday.

昨日は、ディズニーランドに行ったよ。

《ポイント》yesterday, last night, last week, a few days agoなどのような、ある時をあらわす語と一緒によく使います。

ユー　　ステイダップ　　　レイ　ラスナイ、　　ディドゥンチュー？
You stayed up late last night, didn't you?

ゆうべ遅くまで起きていたでしょ。

When did you become so violent?

いつからそんなに乱暴になったの?

I didn't expect you.

いると思わなかったわ。
　　◎expectは、いいことの期待にも悪いことの予想にも使えます。

Uncle Akira lived in America for two years.

アキラおじさんは2年間アメリカに住んでいたのよ。

《ポイント》for＋期間をつけて、過去のある期間について言うこともできます。

"Why didn't you go and play?"
"Because I had a toothache."

「どうして遊びに行かなかったの?」「歯が痛かったからだよ」

使えるログセ05 ▶ 🎵 5

Have you got your homework?

（ハヴュー　ガッチュア　ホウムゥワーク?）

宿題もった?

◆もってる（I have got）モード

＊「もつ」「もっている」といえば、haveと習いましたね。でも、haveにはいろんな意味があります(パート2参照)。そのため、haveを「今もっている」という意味で使うときには、むしろhave gotというかたちで使うことが多いのです。

> ほかの場面で応用しよう！

Have you got any money?
ハヴユー　ガッテニィ　マニー？

お金もってる？

Have you got a pen?
ハヴユー　ガッタ　ペン？

書くものもってる？

You've got guts.
ユーヴ　ガッガッツ

ガッツあるね。

I have got an umbrella.
アイ ハヴ　ガッタナンブレラ

傘もってるよ。

I have got a lunch.
アイ ハヴ　ガッタ　ランチ

お弁当もってきたよ。

◎I have lunch.にすると「お昼ごはんを食べる」になります。

I had my watch then.
アイ ハドゥ マイ　ウォッチ　デン

そのとき時計をもってたのよ。

《ポイント》「もっていた」の場合、have gotの過去形はhadだけでOKです。

"Have you got a water bottle?" "Sure."
ハヴユー　ガッタ　ゥウーターバトゥ？　シュア

「水筒もった?」「もったよ」

使えるログセ06 ……… ▶ 🎧 6

Do you want me to help you?
ドゥーユー　ウォンミー　トゥー ヘゥピュー？

手伝ってあげようか?

◆してほしい (I want you to do〜) モード

＊子どもはこう言われるのを待ってます。「ママに〜してほしいの？」とたずねるときは、Do you want me to do? の形になります。

ほかの場面で応用しよう！

Do you want me to dress you up?
ドゥーユー　ウォンミー　トゥージュレシュー　アップ？

服着せてあげようか？

I want you to come with me.
アイ ウォンチュー　トゥー カム　ウィズ　ミー

一緒にきてほしいんだけど。

I want you to help me move this.
アイ ウォンチュー　トゥー ヘゥプミー　ムーヴ　ディス

これを動かすのを手伝ってほしいんだけど。

I want you to have this.
_{アイ ウォンチュー トゥー ハヴ ディス}

これあげる。
　　　◎直訳すると、「きみに持ってほしい」。

Do you want me to help you with your homework?
_{ドゥーユー ウォンミー トゥー ヘゥピュー ウィジュア ホウムワーク}

宿題手伝ってほしいの?

Do you want me to hold you?
_{ドゥーユー ウォンミー トゥー ホウジュー?}

だっこしてほしいの?
　　　◎だっこして歩くときは、holdのかわりにcarryを使います。

Do you want me to meet there?
_{ドゥーユー ウォンミー トゥー ミーゼア?}

そこまで迎えにきてほしい?

"I want you to wash this." "Put it into the washing machine."
_{アイ ウォンチュー トゥー ゥオッシュ ディス　プティッ ティントゥー ダ ゥオッシン マシーン}

「これ洗ってほしいんだけど」「洗濯機に入れといて」

使える口グセ07 ……… ▶ 🎧 7

Do you remember Mom's cellphone number?
ドゥーユー　ゥリメンバー　マムズ
セルフォン　ナンバー？

ママの携帯の番号覚えてる？

◆いわゆる現在形（I do）モード

＊今、目の前で起きていない一般的なことがらについて言うことができます。自己紹介をするときなどにも活躍します。

ほかの場面で応用しよう！

You usually leave for school at 8, right?
ユー　ユージュアリー　リーヴ　フォア スクーゥ　アッ エイ、ゥライ？

いつも8時に学校に出かけるわよね。
　　　◎leave for〜で、「〜に向けて出発する」

How do you feel now?
ハウ　ドゥーユー　フィーゥ ナウ？

今の気分は？
　　　◎ How are you feeling now? でもよい

Grandpa remembers your birthday.
グランパ　ゥリメンバージュア　バースデイ

おじいちゃんは誕生日をちゃんと覚えているわよ。

The earth goes around the sun.
ダ(ディ)アース　ゴウザラウンダ　サン

地球は太陽のまわりを回っているのよ。

アイ ライ ナットゥ　　ヴェリィ　マッチ
I like natto very much.

納豆大好き。

アイ ヘイダ　　　デンティストゥ
I hate the dentist.

歯医者さんは嫌い。

アイ ゲタッパッ　　セヴノクロック　　エヴリィ　　モーニン
I get up at 7 o'clock every morning.

僕は毎日7時に起きるよ。

エヴリィバデイ　　ダズィッ
Everyone does it.

みんなやってるよ。

ディス　　フーディズ　　マイクロウェイバブゥ
This food is microwavable.

これはチンできるよ。
　　　　◎「チンして」はNuke it.(ヌーク　イッ)

ケンユー　　　　ヒア　　ミー?　　アイケン ヒア　　ユー
"Can you hear me?" "I can hear you."

「聞こえてる?」「聞こえてるよ」

ドゥーユー　　　ハヴァ　　ペッ?　　　ノウ、バッタイ ハヴァ　　ケッ
"Do you have a pet?" "No, but I have a cat."

「ペット(犬)飼ってる?」「ううん。でも猫を飼ってるよ」

ドンチュー　　　ハヴァ　　　ドッ?　　　ノウ、アイ ドン
"Don't you have a dog?" "No, I don't."

「犬飼ってないの?」「うん。飼ってないよ」

31

使えるロクセ08 ▶ 🎧 8

Hurry up, or you'll be late for school.
(ハリ アッ、オア ユール ビー レイ フォア スクーゥ)

早くしないと学校に遅れるわ。

◆～しないと…（～ or …）モード

＊なにかの行動に理由がある場合です。同じ内容を表すいろいろな言い方があります。自分の言い方を決めておくと便利。

ほかの場面で応用しよう！

リーヴァーリィ、　　オア　ウィゥ　　　ミス　ダ　バス
Leave early, or we will miss the bus.

早く出ないとバスに乗り遅れるわよ。

リーヴァーリィ　　ソウ ダッ　　ウィ ウドゥン　　　ミス
Leave early so that we wouldn't miss the
ダ　バス
bus.

バスに乗り遅れないように早く出ましょう。

　　　　　　◎wouldn'tのかわりにdon'tを使ってもOK。

アイ ゲイヴァー　　マイ　　エドゥレス　　ソウ ダッ　シー　　クドゥ
I gave her my address so that she could
コンタクトゥ　ミー
contact me.

連絡をとりやすいように、アドレスを渡しておいたわ。

アイ ハリィドゥ　ソウ ダッ　　アイ ウドゥン　　　ビー レイ
I hurried so that I wouldn't be late.

遅刻したくないから急いだんだよ。

ステッポニッ、　　　オア ダ　　コウチ　　ウィゥ ゲッ　マッダッチュー
"Step on it, or the coach will get mad at
　　　　ユーベッ！
you." "You bet!"

「急がないと、コーチに怒られるわよ」「そうだね」

　　◎ You bet!は、よく使う表現。

33

使えるログセ09 → 9

Say hello to your teacher for me.
セイ　ヘロゥ　トゥーユア　ティーチャー　フォア　ミー

先生によろしく伝えてね。

◆言う、言った（I say／I tell）モード

*誰かが誰かになにかを言う、言った、伝えたなどの表現です。sayのあとにはtoを置いてから人がきますが、tellのあとにはそのまま人がきます。

ほかの場面で応用しよう！

I told you so.
アイ　トーデュー　ソウ

だから(あなたに)そう言ったでしょ。

Who told you to do it?
フー　トーデュー　トゥー　ドゥーイッ

誰がそんなことやれって言ったの?

Say hello to your teacher.
セイ　ヘロゥ　トゥー　ユア　ティーチャー

先生にごあいさつしなさい。

Say good- by to your friends.
セイ　グッバイ　トゥー　ユア　フレンズ

みんなにバイバイしなさい。

I told you not to do it.
_{アイ トーデュー ナットゥー ドゥーイッ}

「やっちゃだめ」って言ったでしょ。

I told you not to shout.
_{アイ トーデュー ナットゥーシャウ}

「大きい声出さないで」って言ったでしょ。

What did he (she) say to you?
_{ゥワッディッ ヒー（シー） セイ トゥーユー}

先生はなんて言ってた？

The doctor told you to stay in bed, right?
_{ダ ドクター トーデュー トゥー ステイン ベッ, ゥライ？}

お医者さんが「寝てなさい」って言ってたでしょ。

Don't tell anybody.
_{ドンテゥ エニバディ}

誰にも言わないでね。

Tell me about your New Year's resolutions.
_{テゥミー アバウチュア ニューイヤーズ レゾリューションズ}

今年の抱負は？
　　　　◎映画「ブリジット　ジョーンズの日記」のテーマでした。

Mr. Nakayama said to me "Can you use a computer?"
_{ミスター ナカヤマ セットゥーミー ケンユー ユーザ カンピューター？}

中山先生に「コンピュータ使えるの？」って聞かれたよ。
　　《ポイント》間接話法と直接話法では同じことが言えます。直接話法で現在形の動詞は、たいてい間接話法では過去形になります。
　　◎=Mr.Nakayama asked me if I could use a computer.

<ruby>The<rt>ダ</rt></ruby> <ruby>doctor<rt>ドクター</rt></ruby> <ruby>said<rt>セッ</rt></ruby> <ruby>to me,<rt>トゥーミー</rt></ruby> "<ruby>Does he<rt>ダズヒー</rt></ruby> <ruby>have a<rt>ハヴァ</rt></ruby> <ruby>high<rt>ハイ</rt></ruby> <ruby>fever?"<rt>フィーヴァー?</rt></ruby>

お医者さんに「高い熱がある?」って聞かれたわ。

◎=The doctor asked me if you had a high fever.

<ruby>Mom,<rt>マム、</rt></ruby> <ruby>Takuya<rt>タクヤ</rt></ruby> <ruby>said,<rt>セッ</rt></ruby> "<ruby>I'm<rt>アイム</rt></ruby> <ruby>feeling<rt>フィーリン</rt></ruby> <ruby>sick."<rt>スィック</rt></ruby>

ママ、タクヤが「気分が悪い」って言ってたよ。

◎=Mom, Takuya said that he was feeling sick.

<ruby>Yuki<rt>ユキ</rt></ruby> <ruby>said,<rt>セッ</rt></ruby> "<ruby>I can not<rt>アイケノッ</rt></ruby> <ruby>come to<rt>カムトゥー</rt></ruby> <ruby>the<rt>ダ</rt></ruby> <ruby>Christmas party."<rt>クリスマスパーティ</rt></ruby>

クリスマスパーティにユキちゃんは来れないって。

◎=Yuki said that she could not come to the Christmas party.

<ruby>Dad<rt>ダーッ</rt></ruby> <ruby>said,<rt>セッ</rt></ruby> "<ruby>I'll<rt>アイゥ</rt></ruby> <ruby>be<rt>ビー</rt></ruby> <ruby>back."<rt>バック</rt></ruby>

パパが「すぐ戻る」って言ってたよ。

◎=Dad said that he would be back.

<ruby>She<rt>シー</rt></ruby> <ruby>said,<rt>セッ</rt></ruby> "<ruby>I'll<rt>アイゥ</rt></ruby> <ruby>call you<rt>コーリュー</rt></ruby> <ruby>again."<rt>アゲン</rt></ruby>

その女の人は「また電話します」って言ってたよ。

◎=She said that she would call us again.

Mrs. Tanaka said, "She played the piano very well."
_{ミス タナカ セッ シー プレイダ ピアノ ヴェリィ ウェゥ}

田中先生が「とてもじょうずにピアノが弾けました」って言ってたわよ。

《ポイント》誰かが言った内容がすでに過去形だった場合は、間接話法にしてもそのまま過去形にしておくのがふつうです。ですが、過去完了形にしても間違いではありません。
◎＝Mrs. Tanaka said that you played the piano very well.

Haruka said, "We're moving next year."
_{ハルカ セッ ウィア ムービン ネクスティヤー}

ハルカちゃんが来年引っ越すって言ってたよ。

《ポイント》誰かが言った内容が、今もまだ過去になっていないことがらは、現在形のままでも過去にしてもOK。
◎=Haruka said that they're moving next year.
= Haruka said that they were moving next year.

Naoki said, "I want to be an astronaut."
_{ナオキ セッ アイ ゥオントゥー ビー アナストゥロノウ}

ナオキは宇宙飛行士になりたいんだって。

◎=Naoki said that he wants to be an astronaut.
= Naoki said that he wanted to be an astronaut.

"What did your father say?"
_{ゥワッ ディジュア ファーダー セイ？}

"He said 'Ask your mother.'"
_{ヒー セッ アスキュア マダー}

「パパはなんて言ってた?」「ママに聞いてごらんって」

使えるログセ10 ▶ 🔘 10

We are having a conference today.

ウィアー / ハヴィンガ / カンフェレンス / トゥデイ

今日は面談があるわ。

◆予定（I'm doing）モード

＊主に相手があって、時間も場所も決まっている予定に関して使うのがこの言い方。かたちは現在進行形や現在形と同じですが、意味的には未来になります。

ほかの場面で応用しよう！

You are swimming on Monday afternoon.
ユーアー スウィミンゴン マンデイ アフタヌーン

月曜の午後はプールがあるわね。

You are going to the dentist on Tuesday morning.
ユーアー ゴウイントゥー ダ デンティストン チウズデイ モーニン

火曜日の午前中は歯医者さんね。

You are graduating in two years.
ユーアー　グラジュエイティンギン　トゥー　イヤーズ

あと2年で卒業よ。

When are you going?
ゥエナーユー　ゴウイン？

いつ行くの？

Where are you going?
ゥエアラーユー　ゴウイン？

どこに行くの？

I'm seeing your teacher next Friday.
アイム　スィーンギュア　ティーチャー　ネクス　フライデイ

来週の金曜日、先生に会うわ。

I'm coming.
アイム　カミン

今、行くわ。

I'm taking out the garbage.
アイム テイキンガウダ　ガーベイジ

ゴミを出してくるわ。

Grandma is coming tomorrow.
グランマ　　イズ カミン　トゥマロゥ

明日おばあちゃんがくるわよ。

How long is she staying?
ハゥロンギズ　　シー　ステイン？

何日ぐらい泊まるの？

ゥワッタイム　　ダズダ　　　　　プレイン　　リーヴ　　トゥマロウ
What time does the plane leave tomorrow?

明日、飛行機は何時発?

《ポイント》バス、電車、飛行機などの時刻表、映画の上映時刻などは、現在形で予定を表します。

ゥワッタイマーユー　　　　オゥプン?
What time are you open?

お店は何時に開きますか?

ゥワッデイ　　アーユー　　クロウストゥ?
What day are you closed?

何曜がお休み?

ダ　ムーヴィー　　スターツ　アッ イレヴン　ターティ
The movie starts at 11:30.

その映画は11時半に始まるわ。

ゥワッターユー　　　　ドゥーイン　トゥデイ?
What are you doing today?

今日は何の日だっけ?(今日は何をする日だっけ?)

ゥエアラー　　　ユー　　ゴウイン?
"Where are you going?"

トゥーダ　　バスルーム
"To the bathroom."

「どこ行くの?」「トイレ」

もっと〈一日のはじまり〉のフレーズ 🎵11

You are in a good mood.
ごきげんね。

Did the alarm clock go off?
目覚まし時計、鳴った?
◎ go off = ring

You were snoring last night.
ゆうべいびきかいてたわよ。
◎snoreは「いびきをかく」、sneezeは「くしゃみをする」。

Did you have a nightmare?
怖い夢見たの?

Are you yawning?
あくびしてるの?

You have to comb your hair.
髪をとかしなさい。

Dad has gone to work in spite of the snow.
雪なのにパパは出かけたわよ。

● 友だち・遊び
勉強
スポーツ

◆過去に近い完了 (I have done) モード
◆ずっとしている (I have been doing) モード
◆〜したら (If I do／when I do) モード
◆〜まで、までに (by／until) モード
◆〜はむだ (It's a waste of 〜) モード
◆ごめんね (I'm sorry) モード
◆〜しているのを見る (I see 〜 doing) モード
◆〜はどう？ (How 〜？) モード

　夕方、遊びから帰ってきた子どもにたずねる「どこに行ってたの？」というありきたりな声かけ。こういうのが案外英語にしにくいものである。

　過去のようだが、"Where did you go?" では、「どこに行ったの？」になってしまうし、"Where were you?" なら、「どこにいたの？」で、やや近い気はするが、学校から帰って今までという時間を感じさせる言い方がほしい。こんなとき、ネイティブの答えは "Where have you been?" である。

　「have + been」とくれば、これは現在完了。日本語では過去形のように見えるのに、現在完了というこのよくわからない文法用語に、学生時代どれほど悩まされたことか。そして、今なお完全に理解できていない。

　しかし、ランドセルを揺らしながら子どもが家に飛び込んできたときに言う、「ずっと走ってきたの？」というせりふは "Have you been running?" でこれは現在完了進行形になるし、朝、ぬれた地面を見て、今はやんでいるが「ずっと雨が降っていたのね」は、"It had been raining." で過去完了進行形だ。

友だち・遊び・勉強・スポーツ

　ということは、日本語では意識していないけれども、私たちは完了形的な内容を話しているわけである。

　最近おぼろげにわかってきたのは、「最近」「ずっと」「いつから」「もう」「すでに」「ちょうど」などが入った文を英語で言おうとするときには、完了形を使ってみるべし、ということである。それ以外は、フツウの過去形で言ってもOKの場合も多く、「手洗った?」とか「宿題やった?」のようなものはどちらでもあり。

　逆に、「ゆうべ」「去年」のような過去のある時を表す言葉が入ったら、かならず過去形にする。

　私が趣味の映画をDVDで見ていると、いいところにかぎって「お兄ちゃんがぶった」などと娘からの苦情が入る。こちらは映画に入り込んでいるので、"When I catch him, I'll tell him off." とだけ言って娘の背中を押す。このフレーズは、「見つけたら怒っとくわ」という意味で、覚えやすくて言いやすいが、なかなか奥深いのだ。

　お母さんが子どもに「雨がやんだら出かけましょう」とか、「急がなかったら遅れるわよ」とか、あることを仮定して話すことはよくある。そういったモードの文を英語にしたいときに、"When I catch him, I'll tell him off." を思い出すのだ。すると、「〜たら」のパートは現在形にし、「〜するわ」のパートは未来形にすればいいということがすぐわかる。

　これで "We will go out when it stops raining." "If we don't hurry, we'll be late." などが自信をもって言えればしめたもの。

使えるログセ11 → 💿12

Where have you been?

ウエア ハヴ ユー ビン?

どこに行ってたの?

◆**過去に近い完了 (I have done) モード**

＊日本人には苦手な現在完了のニュアンス。いろいろな場面で使われますが、ここでは、まだ過去のできごとを今にひきずっている感じで使われる現在完了形を紹介します。ただし、たいていのことは過去形で言ってもOKです。recently(最近)、in the last few days(ここ数日間)、just(もう)、already(すでに)、since(以来)などとよく使います。

ほかの場面で応用しよう！

ハヴユー　　　　スィーン　マイ　　パース？
Have you seen my purse?

ママのおさいふ見なかった？
◎purseは女性用の小銭入れ、walletは男性用の札入れ

ユーヴ　　　　ハドゥ　トゥーメニィ　　スウィーツ　　トゥデイ
You've had too many sweets today.

今日はお菓子の食べすぎよ。

ハヴユー　　　　プレイダ　　　ヴィディオ　ゲイム　　トゥデイ？
Have you played a video game today?

今日、ゲームやった？
◎ゲームは、Nintendoでもおなじみ

ハウロン　　　　ハヴユー　　　ハダ　　　　ペイン？
How long have you had the pain?

いつから痛かったの？

イッビーナ　　　　ロンタイム　　　スィンシュー　　プラクティストゥ
It's been a long time since you practiced
イングリッシュ
English.

英語を始めてずいぶん経つわね。

ルック　ハウ　　ユーヴ　　　グロウンナップ
Look how you've grown up.／
ハウトーゥ　　ユーヴ　　　グロウン
How tall you've grown.

大きくなったわね。

ユーヴ　　　ハダ　　　ロットヴ　ラック　レイトゥリィ
You have had a lot of luck lately.

このところずっとついてるわね。

45

It has been a wonderful year.
イッハズ　ビーナ　ゥワンダフォウ　イヤー

いい一年だったね。

It's been a long time. ／ Long time no see.
イツビーナ　ロンタイム　ロンタイム　ノウ　スィー

ひさしぶりね。

I've been forgetful lately.
アイビン　フォアゲッフウ　レイトゥリィ

最近忘れっぽいのよね。
◎「もの忘れ」という名詞はforgetfulness

You've got some nerve.
ユーヴガッ　サム　ナーヴ

むかつく!

How long have you lived here?
ハウ　ロング　ハヴユー　リヴドゥ　ヒア?

何年ここに住んでるの?

When I got there, Kenji had already gone home.
ゥエナイ　ガッデア、　ケンジ　ハドゥオウレディ　ゴウン　ホウム

私がそこに着いたとき、ケンジ君はもうおうちに帰っちゃってたわ。

《ポイント》まだ過去になっていない事柄なので、last night, yesterday など過去を表す語とは一緒には使わないように。過去のある時点よりもっと前に起こったことについて語るときは、過去の過去なので、大過去という言い方もあります。

We'd just had lunch. So we weren't hungry.

食べたばかりだったから、お腹がすいてなかったの。

When you were born, we had been married for 3 years.

結婚して3年めであなたが生まれたのよ。

SMA×SMA will have ended by then.

その時までにスマスマは終わっちゃってるよ。
《ポイント》未来のある時までにある事柄が起きているのを推測。

The movie will already have started by the time we get to the theater.

映画館に着くまでにはもう映画が始まっちゃってるわ。

Next year we will have been married for 10 years.

来年でママたちが結婚して10年になるわ。

"Do you know Gomattou?"
"No, I've never heard of it."

「ごまっとうって知ってる？」「聞いたことないわ」

使えるログセ12 ………→ 🎧 13

Have you been running?
（ハヴユー　ビン　ゥラニン？）

走ってきたの?

◆ずっとしている（I have been doing）モード

＊過去から今までアクションが続いているときの表現です。いわば過去進行形と現在進行形がつながっている状況で、「ずっと」「今まで」などを補うとそのニュアンスがよくわかります。

ほかの場面で応用しよう！

It has been raining.
（イッハズビン　ゥレイニン）

ずっと雨が降ってるわね。

What have you been doing?
（ゥワッハヴユー　ビン　ドゥーイン？）

何をやっていたの？（ドロドロの服を見たときなど）

Have you been practicing?
（ハヴユー　ビン　プラクティスィン？）

ずっと練習してたんでしょ？

I've been looking for you.
（アイビン　ルッキンフォア　ユー）

ずっと探してたのよ。

How long have you been studying English?
ハウロン　ハヴユー　ビン　スタディン　イングリッシュ？

もうどのぐらい英語を勉強してるの?

She's been playing tennis since she was three.
シーズビン　プレイン　テニス　スィンス　シー　ゥワズ　トゥリー

3歳からテニスをやっているんですって。

It had been raining.
イッハッビン　ゥレイニン

雨が降っていたのね。(夜のあいだ)

《ポイント》現在完了進行形のように、過去完了進行形もあります。過去のある時点からある時点まで続いていたことを表せます。

You'd been fighting.
ユードゥ　ビン　ファイティン

ケンカしてたのね。(ママがいないあいだ)

I had been waiting for 20 minutes.
アイ　ハドゥビン　ウェイティン　フォア　トゥエンティ　ミニッツ

20分も待たされたのよ。

"Have you been standing?"
ハヴユー　ビン　スタンディン？

"Yes, I'd rather stand."
ィエス、　アイドゥ　ゥラダー　スタン

「ずっと立ってたの?」「うん。立ってるほうがいいんだ」

使えるログセ13 ▶ 🔘 14

イフェ　スチュレンジャー　　　フライトゥンジュー、
If a stranger frightens you,
シャウ　　フォア　ヘウプ
shout for help.

こわい目にあったら、大きい声で助けてって言うのよ。

◆～したら（If I do／When I do）モード

＊ある時を想定して話すことはよくありますね。whenのあとにはたしかに起きることがら、ifのあとにはたぶん起こると思われることがらをもってきます。

ほかの場面で応用しよう！

ゥワッ　ドゥー　ユー　ゥオントゥービー　ゥエン　ユー　グロウ
What do you want to be when you grow
アッ？
up?

大きくなったらなにになりたい？

ウィウィウ　ゴウ　アウ　ウェン　イッストップス　ゥレイニン
We will go out when it stops raining.

雨がやんだら出かけましょう。

《ポイント》「～したら」は未来のできごとの仮定ですが、whenのあとにはwillを使わず、現在形でOK。

イフ ウィ ドン　　ハリィ、　　ウィウ　ビー レイ
If we don't hurry, we'll be late.

急がなかったら遅れるわよ。

ビフォア　　ウィ ゴウ、ユー　　シュゴウ　　　　トゥー ダ
Before we go, you should go to the
バスルーム
bathroom.

帰る前にトイレに行っといたら？

《ポイント》before、afterのあとも、when、ifと同じように現在形です。

アイウ テリュー　　エフター アイ ゲッ ホウム
I'll tell you after I get home.

帰ったら話すわよ。

ユーウィウ　　フィーウ ベター　　エフター ユー　　ハヴ
You will feel better after you have
サムティン　　トゥー イー
something to eat.

なにか食べたらきげんがなおるわよ。

タクヤ　　　ヒッ ミー
"Takuya hit me."
ゥエナイ　　キャッチム、　　アイウ テウ ヒモフ
"When I catch him, I'll tell him off."

「タクヤおにいちゃんがぶった」「見つけたら怒っておくわ」

◎tell offで、「怒る」という意味になります。

51

使える口グセ14 ▶ 🎧 15

Come home by five.

5時までに帰るのよ。

◆〜まで、までに (by／until) モード

＊まで、までに、もう、まだなど、似ているようで、ちょっと違う内容です。

> ほかの場面で応用しよう！

レツ　　　ゥエイタンティウ　イッ ストップス ゥレイニン
Let's wait until it stops raining.

雨がやむまで待とうよ。

アイ ステイディン　　ベッ　　アンティウ ハーフ パス　　テン
I stayed in bed until half past ten.

10時半まで寝てたよ。

アイ ディデゥン ゲダッ　　アンティウ ハーフ パステン
I didn't get up until half past ten.

10時半まで起きなかったよ。

ゥエイ　　アンティウ ダーツ　カムズ　　　ホウム
Wait until Dad comes home.

パパが帰るまで待ちましょう。

アイムナッ　　カミングアウ　　　アンティリュア　　アイズ　　　アー
I'm not coming out until your eyes are

クロウズトゥ
closed.

目をつぶるまで出て行かないわよ。

ダーツ　ウィウ ビー　バック　　バイ マンデイ
Dad will be back by Monday.

パパは月曜日までに帰ってくるわ。

アイウ ハヴ　　フィニッシュトゥ マイ　ホウムワーク　　バイ エイ
I'll have finished my homework by 8:00.

8時までには宿題を終わらせるよ。

アイ ゥワズ ヴェリィ **タ**イアドゥ バイ ダ **タ**イム アイ **フィ**ニッシュトゥ
I was very tired by the time I finished.

終わるまでにすごく疲れたよ。

バイ デン、 デイ ハドゥ レフ
By then, they had left.

その時までに、みんな帰っちゃったよ。

シーシュッビー ヒア バイ ナウ
She should be here by now.

(彼女は)もうここにいなきゃいけないのに。

ダ チュレイン レフトン **タ**イム
The train left on time.

電車はちょうどに出発したわね。

《ポイント》「ちょうど」「間に合うように」ということもありますね。

ビーオン **タ**イム、ノウ エクス**キュ**ーズィズ
Be on time, no excuses.

絶対に遅れないでね。

◎no excusesは「言い訳無用」。

アーユー ス**ティ**リン ベッ?
Are you still in bed?

まだ寝てるの?

デアズ ア バス **エ**ヴリィ テン ミニッ
There's a bus every ten minutes.

バスは10分に1本よ。

《ポイント》ほかにも、いろいろな時をあらわす言い方があります。

54

We spent all day (the whole day) on the beach.

一日中海にいたわね。

It's December already.

もう12月か。
　　◎毎年かならず言うせりふです。

Do you still remember the day you first went to school?

はじめて学校に行った日のことまだ覚えてる?

This is my goal for the last three years.

3年来の夢だったの。
　　◎goalは、目的、目標、夢という意味でも使えます。

"What's the hurry?" "I want to go home in time to see the baseball game on TV."

「何を急いでるの?」「野球中継に間に合うように家に帰りたいよ」
　　◎hurryには「急ぎ・急ぐ必要」という名詞としても使います。

"Is dinner ready yet?"
"Are you already hungry?"

「ごはんまだ?」「もうお腹すいたの?」

使えるログセ15 ━━▶ 🄯 16

Video games are a waste of time.
ヴィディオ　ゲイムズ　アーラ　ウェイストヴ　タイム

ゲームは時間のむだよ。

◆〜はむだ（It's a waste of 〜）モード

＊暮らしの中のいろいろなむだをなくしましょう。

ほかの場面で応用しよう！

What a waste!
ゥワタ　ゥエイストゥ

もったいない！
◎wasteの前にはたいていaが入ることを忘れずに。

That's a waste of time.
ダッツァ　ゥエイストヴ　タイム

時間のむだよ。

Turn off the lights. That's a waste of electricity.
ターノフ　ダ　ライツ　ダッツァ　ゥエイストヴ　レクトゥリシティ

消しなさい。電気のむだよ。

It's a waste of money buying things you don't need.
イツァ　ゥエイストヴ　マニー　バイン　ティングス　ユー　ドン　ニー

いらないものを買うのはお金のむだよ。

I wasted a lot of time daydreaming.
アイ　ゥエイスティダ　ロットヴ　タイム　デイジュリーミン

ぼーっとして時間をむだにしちゃった。

Go easy!／Please don't waste that.
ゴウ　イーズィー　プリーズ　ドン　ゥエイス　ダッ

むだにしないで!

"**I'm buying duel cards.**"
アイム　バイン　デュエウ　カーズ

"**That's a waste of your savings, isn't it?**"
ダッツァ　ゥエイストヴ　ユア　セイビン　イズンティッ？

「デュエル・カード買うんだ」「おこづかいのむだじゃない？」

使えるログセ16 ▶ 🄯 17

I'm sorry I'm late.
アイム ソーリィ　アイム　レイ

遅くなって(遅れて)ごめんね

◆ごめんね (I'm sorry) モード

＊I'm sorryを使ったいろいろなあやまり方があります。これも自分の言いやすいのをひとつ覚えておけばいいでしょう。いちばんシンプルなのは、I'm sorryのあとにまた主語＋述語をもってくるかたちです。

ほかの場面で応用しよう！

I'm sorry I forgot to buy a new notebook.
アイム ソーリィ アイ フォゴットゥー バイ ア ニュー ノウブッ

新しいノート買うの忘れてごめんね。

I'm sorry to bother you.
アイム ソーリィ トゥ ボザー ユ

じゃましてごめんね。

《ポイント》Sorryのあとにtoをとれば、今していることに対する謝罪、～をとれば、以前にしたことについてあやまることができます。Please don't bother.というと、「おかまいなく」になります。

アイム　ソーリィ　フォア　シャウティンガッチュー
I'm sorry for shouting at you.

大声でどなってごめんね。

アパラジャイズ　　　トゥー　ハー！
Apologize to her!

あの子にあやまりなさい。

《ポイント》「あやまる」という動詞もあります。

シー　　アパラジャイズ　　　トゥー　ミー　フォア　ナッテリン　　　ダ
She apologized to me for not telling the
トルース
truth.

うそを言ったことを私にあやまったわ。

アイム　ソーリィ　トゥー　ヒア　　ダッ
I'm sorry to hear that.

それは残念だったわね。(ご愁傷さまです)

《ポイント》I'm sorry には、「残念です」という意味もあります。

アイム　　ソーリィ　アイ　ロス　マイ　ティケッ
"I'm sorry I lost my ticket."
アイ　トーデュー　　　　トゥー　キーピッティン　　　ユア　　　　ポケッ
"I told you to keep it in your pockets."

「切符をなくしてごめんなさい」「ポケットに入れておきなさいって言ったのに」

使えるログセ17 ▶ 🎧 18

I saw Mr.Takahashi waiting for a bus.
(アイ ソー　ミスター タカハシ　ゥエイティン　フォア ラ バス)

高橋先生がバスを待ってるの見たわよ。

◆〜しているのを見る（I see 〜 doing）モード

＊Brown bear, Brown bear, what do you see? I see a red lion looking at me.という絵本の文章でアメリカの子どもにはおなじみの言い方。

ほかの場面で応用しよう！

I saw you playing soccer today.
(アイ ソー ユー プレイン サッカー トゥデイ)

今日サッカーしてるのを見たわよ。

I saw him taking his dog for a walk.
(アイ ソー ヒム テイキン ヒズドッグ フォア ラ ウォーク)

あの子が犬を散歩させてるのを見たわ。

I saw a star falling.
(アイ ソー ア スター フォーリン)

流れ星を見たよ。

I saw a lot of crows flying away.
(アイ ソー ア ロットヴ クロウズ フラインガウェイ)

たくさんのからすが逃げていくのを見たよ。

<ruby>I<rt>アイ</rt></ruby> <ruby>saw<rt>ソー</rt></ruby> <ruby>the<rt>ダ</rt></ruby> <ruby>cat<rt>キャッ</rt></ruby> <ruby>fall<rt>フォーロフ</rt></ruby> <ruby>off<rt>ダ</rt></ruby> <ruby>the<rt></rt></ruby> <ruby>wall<rt>ゥオーウ</rt></ruby>.

I saw the cat fall off the wall.

あの猫が塀から落ちるのを見たよ。

《ポイント》～したのを見たという場合は～ingではなく動詞の原形に。

Did you see the accident happen?

事故が起こったのを見たの？

I didn't see you come in.

部屋に入ってきたの気がつかなかったわ。

I couldn't hear it raining.

雨が降っているのが聞こえなかったわ。

《ポイント》～しているのが聞こえる、しているにおいがするという表現も覚えると便利。

Listen to the birds singing.

鳥の鳴き声を聞いてごらん。

Can you smell something burning?

なにか燃えているにおいがしない？

"What do you see?"

"I see a dog swimming in the river."

「なにが見える？」「犬が川を泳いでいるよ」

61

使えるログセ18 ▶ 🔘 19

How did it go?／
How did you do?
ハウ ディディッ ゴウ?
ハウ ディジュー ドゥー?

どうだった?

◆〜はどう？（How 〜?）モード
＊どうする？ どうなる？ どうだった？ など、主にhowを使った言い方です。

ほかの場面で応用しよう！

How come?／How can that be!
ハウ カム? ハウ ケン ダッピー

どういうこと?

How was your first day?
ハウ ワジュア ファーストゥ デイ?

最初の日はどうだった?

Let's see how it goes.
レッスィー ハウ イッ ゴウズ

どうなるか見てよう。

I'm not sure how.
アイム ナッ シュア ハウ

どうやっていいかわからない。

How could you do that?
_{ハウ クジュー ドゥー ダッ?}

どうしてそんなことしたの?

How could you ever think that?
_{ハウ クジュー エヴァー ティンク ダッ?}

どうしてそんなふうに考えるの?

How did you know that?
_{ハウ ディジュー ノウ ダッ?}

どうしてわかったの?

How about if you record the program?
_{ハウ アバウ イフュー レコー ダ プログラム}

その番組をビデオに録ったらどう?

How do I look?
_{ハウ ドゥー アイ ルッ?}

どう?（似合う？）

How do you like SMAP?
_{ハウ ドゥ ユー ライ ス**マッ**プ?}

SMAP 好き?（SMAP のどんなところが好き？）

◎ Do you likeできくよりも、ネイディヴっぽい感じ。

How do you come up with an idea like that?
_{ハウ ディジュー カマップ ウィズ アンナイ**ディ**ア ライ ダッ?}

どうしてそんなこと思いついたの?

◎come up withで「思いつく」。How did youでもよい。

You don't care.
ユー　ドン　ケア

どうだっていいんだよね。

《ポイント》Howを使わない「どう」もあります。

What's the matter? ／ What's wrong?
ゥワッ　ダ　マター　　ゥワッツ　ゥロン?

どうしたの?

What's wrong with her (him)?
ゥワッツ　ゥロン　ウィズ　ハー　(ヒム)?

あの子がどうかしたの?

What about a car?
ゥワッタバウタ　カー?

クルマはどうする?

What's that mean?
ゥワッ　ダッ　ミーン?

どういう意味?

What's that on your face?
ゥワッ　ダットンニュア　フェイス?

その顔どうしたの?

"How do you say tokeimawari in English?" "Clockwise."
ハウ　ドゥー　ユー　セイ　トケイマワリ　イン　イングリッシュ?　クロックワイズ

「時計回りって英語でどういうの?」「クロックワイズ」

もっと〈友だち・遊び・勉強・スポーツ〉のフレーズ 🎵 20

You've got it!
ユーヴ　ガディッ！

正解！

Put your scissors down.
プッチュア　スィザース　ダウン

はさみを下に置いて。

Don't be so naughty.
ドン　ビー　ソウ　ノーティ

悪い子ね。

You tomboy!
ユー　トーンボイ！

おてんばね。

Don't say bad things about others.／
ドン　セイ　バッティングス　アバウタダーズ

Don't speak ill of others.
ドン　スピーキロヴ　アダーズ

悪口を言わないの！

Tattle tale!
テウ　テイウ！

ちくったな！

Are you going to play with your friend?
アーユー　ゴウイントゥー　プレイ　ウィジュア　フレン？

友だちと遊ぶつもり？

65

アイ ガッチュア バック
I got your back.

ママがついてるわ。

アイム ゲティン ゥオーマー アイ ガッチャ
I'm getting warmer. I got you.

つかまえるよ。つかまえた!

ダッダ スピリッ
That's the spirit.

その意気。

ゥエイ トゥー ゴウ
Way to go.

やるね!

アイ ネヴァー セッダッ
I never said that.

そんなこと言ってないでしょ。

ユー アー アウ トゥー ゥラウンズ
You are out two rounds.

2回休みだよ。

フォウニィ
Phony!

いんちき!

ディーラウ ディーズ カーズ
Deal out these cards.

カードを配って。

Take it easy! / Go for it! / Stick to it. / Go, go, go big team! / Hang in there.

がんばって。

Spin! / Turn around!

まわって!

It's a deal.

これで決まりね。

Lie back. Roll over.

仰向けに寝て。ころがって。

"I'm in?" "Ask the game master."

「仲間に入れて」「ゲームの親に聞いて」

"Is not!" "Is too!" "Is not!" "Is so!"

「そうじゃないよ」「そうよ」「そうじゃないったら」「そうだってば」

食事タイム

◆～したことがある (I have done) モード
◆だといいけど (I hope) モード
◆～してくれる？(Can you ～?) モード
◆～していい？(Can I ～?) モード
◆～したいの？ほしいの？
　(Do you want ～?) モード
◆ね、でしょ (, right?) モード
◆～より… (I prefer ～ to …) モード
◆お手伝い (I help you) モード
◆～した… (～ that …／～who …) モード

　お母さんにとって、毎日の夕食の献立を考えることほどめんどうくさいものはない。

　料理そのものはきらいではないけれど、献立にはクリエイティビティが要求されている気がして、どうも苦手。なるべく同じメニューが繰り返されないよう気を配っているつもりでも、つい安易に走ると似たような食卓になってしまう。

　夕食の買い物に行く前には、"What do you want for dinner?(夕ごはん何がいい?)"と子どもたちにたずねる。これは「今夜のメニューは子どものリクエストだから」という言い訳のためでもあるが、Do you wantというモードに慣れてほしいためでもある。

　ネイティブの会話には、このかたちがよく出てくる。wantは、「ほしい」「したい」でおなじみだが、たとえば"Do you want to drive?"は、「ドライブ行きたい?」よりも「ドライブ行く?」のような軽い誘いとしてもよく使われる。

　親子のあいだにはそんな気づかいはいらないが、相手が他人であった場合、誘うほうも誘われるほうにも負担がないので、つなぎの会話としても便利。

食事タイム

　would like はwantのていねいなかたちで、大人になればこちらを使うことも多くなる。が、親しい相手にはwant を使ってもそれほど違和感がないようだ。

　食事のしたくが始まると、"Smells good.(いいにおい)" と、子どもたちがキッチンにやってくるから、すかさず "Can you help me set the table?(おはこび手伝って)" と促す。

　「お手伝い」は数少ない子どもの仕事のひとつだから、helpを使った表現も覚えてもらおうというわけだ。

　helpは「助ける」と覚えていると、「手伝って」にhelpを使うのは大げさに感じるかもしれない。しかし、helpは「手伝って」のほうで日常的にはむしろよく使われる。

　helpの便利なところは、"Please help me." で「手伝って」とも言えるし、meのあとに「私がすること」を付け加えれば、"Can you help me do the laundry ?(お洗濯手伝って)" のように、「私が〜するのを手伝って」とより具体的に頼むこともできるのだ。

　また、お母さんが子どもによく言う「ママに手伝ってほしい?」という声かけも、wantとhelpを使って "Do you want me to help you ?(宿題手伝ってほしい?)" のように言える。

　ついでに、helpは「助け」という名詞でも使われ、helpingという名詞は、食べ物の「盛り」という意味として使われるのも覚えておくといい。「大盛りで」は "Give me a big helping." である。

使える口グセ19 ········· ▶ 🅒 21

You have made curry with rice before.

ユー ハヴ メイドゥ カリー ウィズ ゥライス ビフォア

前、カレー作ったことあるよね。

◆～したことがある（I have done）モード

＊かたちは現在完了形と同じですが、意味は「～したことがある」という経験を表します。

ほかの場面で応用しよう！

Have you ever had a hotdog?
ハヴユー　　　エヴァー　ハダ　ハッダッ?

ホットドッグ食べたことある?

Have you ever heard the expression "easy as pie"?
ハヴユー　　　エヴァー　ハー　ダ　エクスプレッション
イーズィー　アズ　パイ?

「パイみたいに簡単」って聞いたことある?

◎easy as pieとは、「朝飯前」というような意味です。

アイヴ ネヴァー　　チュライディッ
I've never tried it.

それはやってみたことがないわ。

ハヴュー　　　　　エヴァー ビン　　トゥー ハワイ?
Have you ever been to Hawaii?

ハワイに行ったことある?

《ポイント》 been toは、「訪れる」という意味です。have goneでは「行ってしまった」という意味で使います。

アイヴ ネヴァ　　　ビン　　デア
I've never been there.

そこへは一度も行ったことがないよ。

イティズ ダ　ファースタイム　アイヴ　ドゥリヴンナ　　カー
It is the first time I've driven a car.

クルマの運転をしたのは、はじめてよ。

イティズ ダ　セカンタイム　　　　ディス　ハズ　　ハプンドゥ
It is the second time this has happened.

こんなことがあったのは2回めよね。

ハヴュー　　　　エヴァー スィーン ディス?　　ノウ、ネヴァー
"Have you ever seen this?" "No, never."

「これ、見たことある?」「ないよ」

使えるログセ20 ▶ 🎧 22

アイ ホウピュー ライキッ
I hope you like it.

気に入ってくれるといいけど。

◆だといいけど (I hope) モード

＊自分の希望していることがらを語るときに便利です。Hopeのあとには、望んでいる内容を主語+述語で表します。そのとき使う動詞はたいてい現在形です。

> ほかの場面で応用しよう！

アイ ホウプ ウィアー オン タイム
I hope we are on time.

間に合うといいね。

アイ ホウピュー ゲッウェウ スーン
I hope you get well soon.

すぐによくなるといいね。
　　◎get wellは、病気などがよくなるときに使います。

ゥワッ ウジュー ウィッシュ フォア？
What would you wish for?

何をお願いしたの？

アイ ホウプ グランパ コーウズ ミー トゥナイ
I hope grandpa calls me tonight.

今夜おじいちゃんが電話してくれるといいな。

アイ ウィッシュ イッ ウッ ストッ ゥレイニン
I wish it would stop raining.

雨がやんでくれたらな。
　　《ポイント》現在の事実が変わるのを願うときにはI wish…wouldを使うことがあります。

アイ ホウピッ ダズン ゥレイン トゥマロウ
"I hope it doesn't rain tomorrow."

ィヤー アイ ホウプナッ
"Yeah, I hope not."

「明日雨が降らないといいね」「そうだね」

使えるクセ21 ……… ▶ 🎵 23

Can you pass me the soy sauce, please?
ケニュー　パス　ミー　ダ　ソイソー　プリーズ?

おしょうゆとってくれる?

◆〜してくれる?（Can you 〜?）モード

＊お母さんからこどもへ、子どもからお母さんへ、ちょっとしたお願いはよくあります。
この場合、canとcouldはどちらも同じ意味で使えます。
Would youにすると、日常よりあらたまった場合でも通用します。

ほかの場面で応用しよう！

Can you spread out (fold up) the futon?
ケニュー　スプレッダウ　(フォウダッ)　ダ　フトン?

ふとん敷いて(たたんで)くれる?

**Can you wait a minute, please? /
Could you wait a minute, please?**
ケニュー　ゥエイタ　ミニッ、　プリーズ?
クジュー　ゥエイタ　ミニッ、　プリーズ?

ちょっと待ってくれる?

ケニュー　　　ドゥー　ミー　ア　フェイヴァー？
Can you do me a favor?

お願いがあるんだけど。

ケニュー　　　ギミー　　　　ア　ヘン？
Can you give me a hand?

ちょっと手伝ってくれない?

ケニュー　　　ゥワーター　ダ　プランツ？
Can you water the plants?

鉢植えに水をあげてくれる?
　　　◎waterは、「水をあげる」という動詞でも使います。

ケニュー　　　キーパンナイ　　　　オン　ダ　ベイビー？
Can you keep an eye on the baby?

赤ちゃんを見ててくれる?

ウジュー　　　ストッ！
Would you stop!

やめてくれる?

マイ　ハンザー　　　フゥ　ウッジュー　　　ゲッダ
My hands are full. Would you get the
ドー？
door?

手がふさがってるの。ドアを開けてくれる?
　　　◎開けるという動詞は出ていませんが、意味は通じます。

ケニュー　　　ドゥー　マイ　ヘア？
"Can you do my hair?"
ウッジュー　　　ライカ　　ポニィ　　テイウ？
"Would you like a pony tail?"

「髪むすんで」「ポニーテールでいい?」

使えるログセ22 ▶ 🎧 **24**

Can I eat this?
（ケナイ　イーディス？）

ママがこれ食べちゃっていい?

◆～していい？（Can I ～?）モード

＊許可を求めるときの表現です。やはりcanとcouldはどちらでも使え、mayは少しあらたまった言い方になります。

ほかの場面で応用しよう！

Can I change the channel?
（ケナイ　チェインジ　ダ　チャネウ？）

チャンネル変えていい?

Can I have the soy sauce, please? ／
（ケナイ　ハヴ　ダ　ソイソー、プリーズ？）
Can you pass me the soy sauce, please?
（ケニュー　パス　ミー　ダ　ソイソー、プリーズ？）

おしょうゆとってくれる?

Can I have some ice cream?
<ruby>Can<rt>ケナイ</rt></ruby> <ruby>have<rt>ハヴ</rt></ruby> <ruby>some<rt>サム</rt></ruby> <ruby>ice cream<rt>アイスクリーム</rt></ruby>?

アイス食べていい?

Can I use your phone?
ケナイ ユージュア フォン?

電話貸してくれる?

Can I speak to Dad?
ケナイ スピーク トゥー ダーッ?

(電話で)パパに代わってちょうだい。

"**Can I play my video games?**"
ケナイ プレイ マイ ヴィディオ ゲイムズ?

"**Well, but just for thirty minutes.**"
ゥエゥ、 バッ ジャス フォア ターティ ミニッ

「ゲームやっていい?」「いいけど、30分だけね」

"**Can I come in?**" "**Sure.**"
ケナイ カミン? シュア

「入っていい?」「いいわよ」

"**May I have my allowance?**"
メイアイ ハヴ マイ アラウワンス?

"**For what?**"
フォア ワッ?

「おこづかいちょうだい」「何のために?」

使えるクセ23 → 🅾 25

What do you want for dinner?
ゥ**ワッ**　ドゥーユー　ゥ**オン**　フォア　ディナー？

夕ごはんは何がいい?

◆〜したいの？ ほしいの？(Do you want 〜?)モード

＊子どもの意向をたずねたり、軽く誘ったりするときに使うモード。What would you like for dinner?もよく使います。

ほかの場面で応用しよう！

Do you want to go out to play?
ドゥーユー　ゥ**オン**トゥー　ゴウ　アウトゥー　プレイ？

外で遊びたい?

Do you want to go to the movies?
ドゥーユー　ゥ**オン**トゥー　ゴウ　トゥー　ダ　ムーヴィーズ？

映画に行きたい?

Do you want to drive?
ドゥーユー　ゥ**オン**トゥー　ジュライヴ？

ドライブに行く?

Do you want a ride?
ドゥーユー　ゥ**オン**タ　ゥライ？

クルマで送ってほしい?

Do you want to take the bus home?

バスで家に帰る?
◎homeの前にはtoはいりません。

What do you want for your birthday?

誕生日に何がほしい?

Do you want to know what you're getting for your birthday present?

誕生日のプレゼントが何か知りたい?

Where do you want to go for your summer vacation?

夏休みにどこに行きたい?

Would you like a cup of coffee?

(お客様に)コーヒーはいかがですか?
◎Would you likeは、wantのていねいな言い方です。

"How would you like your egg done?"
"I want it runny."

「タマゴはどうする?」「半熟がいい」
◎runny butterといえば、溶かしバターのこと。

使えるログセ24 ▶ 🎧 26

You are choosy, right?
ユーアー　チュージィ、　ゥライ？

好き嫌いがあるわよね。

◆ね、でしょ（, right ?）モード

＊念を押したり、同意を求めたりする言い方です。文のあとに否定形をつけるタグクエスチョン(付加疑問文)は、語尾を下げると同意を求めるニュアンス、上げると本当に質問しているニュアンスに。ややこしいと思ったら、念押しにはright?を使うのがおすすめ。I amのタグはamn't Iではなく、aren't Iになるのが普通です。

ほかの場面で応用しよう！

It's nice weather, isn't it?
イツ　ナイス　ウェダー、　イズニッ？

(あいさつとして)いい天気ですね。

I'm cute, aren't I?
アイム キュー、　アーンタイ？

私ってかわいいよね？

This meat is tough, isn't it?
ディス　ミーティズ　タフ、　イズンティッ？

このお肉、かたいね。

◎「このお肉はやわらかいね」なら、This meat is tender, isn't it?となります。

You had a sleepover, right?
<ruby>ユーハダ スリーポウヴァー、 ゥライ?</ruby>

寝坊したでしょ。
◎「寝坊する」という動詞は、「oversleep」

You entered a difficult phase, didn't you?
<ruby>ユー エンターダ ディフィカウ フェイズ、 ディドゥンチュー?</ruby>

反抗期ね。

It's fluffy, isn't it?
<ruby>イツ フラッフィ、イズニッ?</ruby>

ふわふわしてるわね。

It's a sticky mess, isn't it?
<ruby>イツァ スティッキー メス、 イズニッ?</ruby>

べとべとしてるわね。

Let's go for a walk, shall we?
<ruby>レツ ゴウ フォアラ ウォーク、シャルウィ?</ruby>

おさんぽ行こうよ。
《ポイント》Let'sで始まる文のタグは、shall we?になります。

Open the door, will you?
<ruby>オウプン ダ ドー、 ウィウ ユー?</ruby>

ドア開けてくれる?
《ポイント》 命令形にwill you?をつけると、お願い口調になります。

See, I told you.
<ruby>スィー、アイ トーデュー</ruby>

ね、言ったとおりでしょ。
《ポイント》「ね」を先に言うならこんな言い方もあります。

"This is yours, right?" "No, it's hers."
<ruby>ディスィズ ユアーズ、ゥライ? ノウ、イツ ハーズ</ruby>

「これ、あなたのでしょ」「違うよ。あの子のだよ」

81

使えるログセ25 ▶ 27

アイ プリファー コーフィー トゥー ティー
I prefer coffee to tea.

ママはコーヒーより紅茶が好き。

◆〜より…（I prefer 〜 to …）モード

＊I like coffee better than tea.とも言います。比べちゃいけないものもあるけど、人間、いろいろ比べるものです。たいていの形容詞の場合、cheaper、easierのように語尾にerをつけますが、beautifulのような長い形容詞や、slowlyのような副詞の場合、前にmoreをつけて比較級にします。preferを使った言い方もよく聞きます。

ほかの場面で応用しよう！

ユーアー　モア　ペイシャン　ダン　ミー
You are more patient than me.

ママよりがまん強いわね。

アイム　トーラー　ダン　ノリカ,　バッ　シーズ　ヘヴィアー
I'm taller than Norika, but she is heavier
ダン　ミー
than me.

背は僕のほうが高いけど、体重はノリカのほうが重いよ。

ウイッチ　ドゥーユー　ライ　ベター?
Which do you like better?／
ウイッチ　ドゥー　ユー　プリファー?
Which do you prefer?

どっちが好き?

イツ　ファーダー　ダンナイ　ソート
It's further (farther) than I thought.

思ったより遠かったね。

ダ　テスト　ゥワズ　イーズィヤー　ダンナイ　エクスペクティッドゥ
The test was easier than I expected.

思ったより簡単だったね。

ケニュー　ウォーカ　リル　ファスター　(モア
Can you walk a little faster (more
スロウリィ)?
slowly)?

もうちょっと早く(ゆっくり)歩いてくれる?

《ポイント》必ずしもふたつのものを比べない比較もあります。

Is my piano playing getting better?
_{イズ マイ ピアノプレイン ゲティン ベター?}

私のピアノうまくなってる?
　　◎piano playingは、「ピアノの演奏」

Last night you went to bed earlier than usual.
_{ラスナイ ユー ゥエントゥー ベッ アーリィヤー ダン ユージュアウ}

ゆうべは早く寝たわね。

We are no longer friends.
_{ウィアー ノウ ロンガー フレンズ}

もう僕たちは友だちじゃないよ。
　　◎それ以上になったときも、それ以下になったときも。

The sooner, the better.／As soon as possible.
_{ダ スーナー、 ダ ベター アズ スーナズ ポスィブウ}

早いほどいいわ。

The bigger, the better.
_{ダ ビガー、 ダ ベター}

大きいほどいいわ。

The younger you are, the easier it is to learn.
_{ダ ヤンガー ユーアー、 ダ イーズィヤー イティズ トゥー ラーン}

若ければ若いほど、のみこみがいいわ。
　　◎The older I am, the more difficult to learn…

ヒー　イズンタズ　　オウウダズ　ヒー　ルックス
He isn't as old as he looks.
あの人は見かけより若いのよ。

《ポイント》「同じぐらい」という意味のas ～ asや、so ～ as、the same asを使って、比較することもできます。
◎He looks older than he is.とも言います。

イッ　イズン　　ソウ　コウウダズ　　ィエスタデイ
It isn't so cold as yesterday.
昨日ほど寒くないわね。

ユーケン　　イータズ　　マッチャズ　　ユー　　ゥオン
You can eat as much as you want.
食べたいだけ食べていいのよ。

シーズ　　ダ　セイメイジ　　アズ　ユー、　ゥライ？
She is the same age as you, right?
あの子はあなたと同い年でしょ。

ディス　バスィズ　　テン　タイムズアズ　　ビッガズ　　アワーズ
This bath is ten times as big as ours.
このお風呂はうちのお風呂の10倍あるね。

ユー　　プリファー　チーズ　　ケイクス　　トゥー　チョーコレッ
"**You prefer cheese cakes to chocolate**
ケイクス　　ナッ　　ゥリアリー
cakes." "**Not really.**"
「チョコケーキよりチーズケーキのほうが好きでしょ」「そうでもないよ」

使えるクチグセ26 → 28

Please help me./Would you help me?
プリーズ　ヘゥプ　ミー　　　ウッジュー　　ヘゥプ　ミー？

手伝って。

◆お手伝い（I help you）モード

＊helpは「助ける」だと思いがち。でも、会話では「手伝う」のほうがむしろ使うでしょう。toはあってもなくてもOK。

ほかの場面で応用しよう！

プリーズ　ヘゥプ　ミー　(トゥー)　クリーナップ　ダ　ルーム
Please help me (to) clean up the room.

おそうじ手伝って。

ケニュー　ヘゥプ　ミー　(トゥー)　ゲッ　ゥレディ　フォア
Can you help me (to) get ready for
ディナー？
dinner?

夕食のしたく手伝ってくれる？

ケニュー　ヘゥプ　ミー　(トゥー)　セッダ　テイボウ？
Can you help me (to) set the table?

食事のおはこびしてくれる？

ウッジュー　ヘゥプ　ミー　(トゥー)　ゥレイク　ディーズ
Would you help me (to) rake these
リーヴズ　アン　プッデム　オウトゥゲダー
leaves and put them altogether?

落ち葉をはいてまとめるの手伝ってくれる？

アイゥ　カム　バッカン　ヘゥピュー　(トゥー)　フィニッシュ
I'll come back and help you (to) finish.

帰って終わらせるの手伝ってあげる。

アイケン　ヘゥピュー　ウィズ　ユア　シューズ
I can help you with your shoes.

くつはかせてあげる。

テンキュー　フォア　ヘゥピン　ミー
Thank you for helping me.

手伝ってくれてありがとう。

87

アイケン ヘウピュー
I can help you.

手伝ってあげる。

アイ ガッ ノリカズ ヘウプ トゥー メイカ パイ
I got Norika's help to make a pie.

ノリカにパイを作るのを手伝ってもらったわ。

《ポイント》helpは「手伝い」という名詞でも使えます。

ドゥーユー ニー サム ヘウプ？
Do you need some help?

手伝おうか?

アイケントゥ ヘウプ ラフィン
I can't help laughing.

笑わずにいられないわ。

《ポイント》helpのあとに名詞や〜ing形をもってくると、「〜せずにはいられない」という表現になります。

アーユー ヤーニン？ アイケントゥ ヘウピッ
"Are you yawning?" "I can't help it."

「あくびしてるの?」「しょうがないよ」

アイケン ヘウピュー （トゥー） ドゥー ダ ローンジュリイ
"I can help you (to) do the laundry."

ファーラウ！
"Far out!"

「お洗濯手伝ってあげる」「助かる!」

◎洗濯物を「取り入れる」は、take in.

使えるログセ27 → 🎵29

_{ゥ**エ**アリズ} _ダ _{**チ**ーズ} _{ダッ}
Where is the cheese that
_{ゥ**ワ**ズ} _{イン} _ダ _{ゥレフ**リ**ジレイター？}
was in the refrigerator?

冷蔵庫にあったチーズどこ？

◆～した…（～ that …／～ who …）モード

＊(Where is the cheese ＋it was in the refrigerator ＋?)の形です。いわゆる関係代名詞を使った表現。と聞いただけでもうイヤになる人も多いかもしれません。でもふたつの文章を一気に言える便利な表現法です。理屈はとばして、例文まる暗記が近道かも!

ほかの場面で応用しよう！

_ダ _{マン} _{フー} _{リヴズ} _{ネクスドー} _{イズ ア **ダ**クター}
The man who lives next door is a doctor.

おとなりはお医者さんよ。

◎The man ＋ he lives next door ＋ is a doctor.の形です。The manが、サンドイッチされている文の主語であるとき、heが関係代名詞whoになります。このwhoは、省略できません。主語がもののときは、thatになります。

_{ドゥーユー} _{**ノ**ウ} _ダ _{**ウ**ーマン} _{**ト**ーキン} _{トゥー **ダ**ーッ？}
Do you know the woman talking to Dad?

パパとしゃべってる女の人知ってる？

◎Do you know the woman ＋ she is talking to Dad ＋?の形です。サンドイッチされている文が進行形や受身形のときは、whoやthatなしでOKです。また、文章によってはサンドイッチ構造ではなく、ふたつの文がそのままつながっただけのものもあります。

The boy injured in the accident was taken to the hospital.
_{ダ ボーイ インジュアディン ディ アクシデン ゥワズ テイクン トゥー ダ ハスピタウ}

その事故でケガをした子は病院に運ばれたんだよ。

◎The boy＋he was injured in the accident ＋ was taken to the hospitalの形。

Who were those people waiting outside?
_{フー ワー ドゥズ ピーポウ ゥエイティン アウサイ？}

外で待ってる人たちだれ？

I was awakened by a bell ringing.
_{アイ ゥワズ アゥエイクンドゥ バイ ア ベウ ゥリンギン}

ベルが鳴ったから目が覚めたんだ。

We only have a little left.
_{ウィ オンリィ ハヴァ リル レフ}

もう少ししか残ってないわ。

Can you think of the name of the flower beginning with "T"?
_{ケニュー ティンコヴ ダ ネイム オヴ ダ フラワー ビギニン ウィズ ティー？}

Tで始まる花の名前思いつく？

The dress (that) I bought fits you very well.
_{ダ ジュレス (ダッ) アイ ボー フィッチュー ヴェリィ ウェウ}

きのう買ってあげた服、よく似合うわね。

◎The dress ＋I bought it ＋ fits you very wellの形です。この文では、the dress がサンドイッチされている文の目的語になっています。そのときitがthatになってIよりも前にきます。このような、もともと目的語であった関係代名詞は、よく省略されます。目的語が人間であれば、whoになりますが、これもよく省略されます。

Is there anything I can do?

なにかママにできることある?
◎Is there anything ＋ I can do it の形。

Have you found the book you lost?

なくした本出てきた?
◎Have you found the book ＋ you lost it ＋? の形。

The girl I'm sitting next to is talkative.

となりの席の女の子はおしゃべりだよ。

Everything I said is true.

僕が言ったことはみんなほんとうだよ。

Do you know what I mean?

ママが何を言いたいかわかる?

The hotel where we stayed was very good.

私たちが泊まったホテルはすごくよかったわね。
《ポイント》関係代名詞としてのwhereもあります。

"Is this the book you meant?"
"How did you know that?"

「この本のことでしょ?」「どうしてわかったの?」

91

もっと〈食事タイム〉のフレーズ 🎵30

Come and get it!
カマン ゲディッ

ごはんよ!

I'm sort of hungry.
アイム ソートヴ ハングリィ

ちょっとお腹がすいたわね。

Don't overeat.
ドン オウヴァー イー

食べすぎないでね。

Let's eat up!
レツ イータッ!

さあ食べちゃいましょう。

Finish up your plate.
フィニッシュ アッピュア プレイ

残さず食べなさい。

This osenbei is stale.
ディス オセンベイ イズ ステイウ

このおせんべいしけってる。

You are a big eater.
ユーアーラ ビッギーター

よく食べるわね。

92

イーズィー　ダズィッ
Easy does it.
そうっとやってね。

ピッカウ　　　　ワンニュー　　　ゥオン
Pick out one you want.
好きなのを選びなさい。

◎pick outは「選ぶ」。なぜか和製英語ではピックアップ。

フーゥオンツ　　　　サムティン　　　　　トゥー　イー?
Who wants something to eat?
お腹すいてる人?

◎直訳すると、「なにか食べたがっているのは誰?」。

ゥワイ　ドン　　ウィー　ゴウ　アウ　フォア　ディナー?
Why don't we go out for dinner?
外でごはん食べようか?

◎外で食事をすることをdine outとも言います。

一口メモ

● フォニックスで歌うABCのうた

phonics（フォニックス）というのは、発音とつづり字を関連づけて教える勉強法のことで、読めるようになるために役立つ。

わが家で「声かけ英語」を始めた頃、よく歌ったフォニックスの「ABCのうた」を紹介してみよう。

A（ア）B（ブ）C（ク）D（ドゥ）
E（エ）F（フ）G（グ）
H（ハ）　I（イ）J（ジュ）K（ク）
L（ル）M（ム）N（ン）
O（ア）P（プ）Q（ク）R（ゥル）
S（ス）T（トゥ）U（ア）
V（ヴ）andW（ゥァ）and X（クス）
Y（イェ）Z（ズ）
Happy happy shall we be
When we've learned our phonics

ふしはおなじみの「ABCのうた」と同じで。

リビングで

- ◆〜するよ (I'll 〜) モード
- ◆価値あり (It's worth 〜) モード
- ◆もし〜だったら (If I had done) モード
- ◆どの〜 (What 〜?／which 〜?) モード
- ◆〜させて (Let me do) モード
- ◆そう (so) モード
- ◆どのぐらい (How 〜?) モード
- ◆最高 (the 〜 est) モード
- ◆〜のように、とおりに (as I do) モード
- ◆びっくり (It's 〜ing) モード
- ◆じゅうぶん (enough) モード

　子どもは電話に出るのが好き。特に女の子はそうなのだろう。うちの娘もルルル…と鳴るや、異常にすばやく受話器を取る。しかし相手が知らない人だったりすると、埒があかなくて迷惑をかけてしまうこともしばしば。

　そこで、仕事の電話が入りそうなときは、ベルが鳴って娘が動く前に "I'll get it!(ママが出るわ)" と叫ぶようにしている。

　このように、自分がその場での意思を示したいときの「私が〜するわ」「私は〜しないわ」のようなモードでは、I willが使われる。"I'm doing" や "I'm going to do" が、前々からの予定やつもりを表すのに対して、このI willは、「今決めた」「今する」というニュアンスが強い。

　レストランでオーダーするときやお店で買い物するときも「今これに決めた」という気持ちで "I'll have this." や "I'll take this." などが使われるのも、納得できる。

　2002年にサッカーのワールドカップが日本で開催され、その期間中あちこちで「どのチーム応援する?」という会話がよく聞かれた。母国以外のチームを熱狂的に応援する国民性は海外で驚かれたらしいが、

リビングで

まあスポーツの楽しみ方は、人それぞれ。私としてはこの機会に子どもたちに「どの」というモードにふれてもらえればOKなのだ。

以前から疑問だったのは、「どの」がwhichのときとwhatのときがあるということ。学校では「AとBどっちが好き?」のような二者択一のとき、"Which do you like better?" になるとまでは習った気がするが…。

たとえば、数冊の本を前にして「あの本とって」と言われ、「どの本?」と聞き返すときは "Which one?" なので、whichは二者択一とは限らない。しかし、英語の歌にはよく "What color do you like?" のような歌詞がでてくる。どちらでもいいのかと思ったが、いろんな場合で考えてみると、どうも目の前に選択肢があったり、はっきりしているときはwhichを使い、選択肢が目の前になかったり、数限りないようなときはwhatを使うようである。

つまり、ワールドカップの出場チーム表を見ながらの会話では、"Which team do you support?" で、その答えは限られているが、世間話的に言うときは "What team do you support?" で、その答えはブラジルチームであるかもしれないし、自分の所属するチームであるかもしれないというわけ。だから漠然と「どの色が好き?」といえば "What color do you like?" だし、何枚かの折り紙を選ぶなら "Which color do you like?" になるのではないか。

こういう質問をネイティブにすると「細かいことを気にしすぎ」と笑われそうなので、なかなか聞けずにいる。

使えるログセ28 ⋯⋯⋯▶ 🎧 **31**

I'll get it.
アイウ　ゲディッ

(電話やドアベルなどに)**ママが出るわ。**

◆～するよ（I'll～）モード

＊話しているときに、「今やろう」と思いついたことを言うときの表現。学校ではwill=未来と習いましたが、実際には「予定モード」「つもりモード」と微妙に違いがあります。否定形はwill not=won'tです。疑問文をWill you～?とすると、「～してくれる?」になるので注意。

ほかの場面で応用しよう！

アイウ　バッキンナ　リルビッ
I'll be back in a little bit.

すぐ帰るわ。

アイウ コーウ ダーッ　ナウ
I'll call Dad now.

パパに今電話するわよ。

アイウ ヘゥピュー　　ウィズィッ
I'll help you with it.

それ手伝ってあげるわ。

アイウ ルーズ　ゥエイ　　フォア シュア
I'll lose weight for sure.

絶対やせるわ！

アイウ ゴウ アン　シャッダドー
I'll go and shut the door.

ボクがドアを閉めてくるよ。

アイウ ハヴ　サ　　モレンジュー
I'll have some orange juice.

オレンジジュースにする。（お店での注文のときなど）

アイ ゥオウン テゥ
I won't tell.

言わないよ。

アイ ゥオウントゥ レッチュー
I won't let you.

そうはさせないわ。

We will cheer for Takuya's team.
タクヤのチームを応援するわ。

Will you open the window?
窓を開けてくれる?

Will you be a good girl and stay?
いい子にしていられる?

"Let's have lunch." "Yes, let's."
「お昼食べようか?」「そうしよう」

《ポイント》~しましょうか?と提案するときは、Will we~?よりもShall we~?になります。Let's~のほうがカジュアルな言い方です。

一口メモ 英語のニックネーム

70代も後半になる実家の父に、家族から今人気のチワワをプレゼントした。

「名前はなにする?」という段になって、うちの子どもたちもいろいろと案を出したが、父の「本名はRichard、ニックネームはDickだ」というひと言であっさり決定した。

英語の名前は長いので、よくニックネームが使われる。もとの名前と見た目では似ていないものも多いのが難点だ。

以前Bobさんという人に手紙を出したとき、返信にRobertと書いてあって、「名前を間違えてごめんなさい」とあやまったら「ニックネームのボブでいいんだよ」と言われたこともある。

外資系企業に勤めていた父、きっとDickさんとのあいだにいい思い出でもあったのかな。

使えるロクセ29 ▶ 32

It's worth trying. /
イツ　ワース　チュライン

It's worth a try.
イツ　ワース　ア　チュライ

やる価値はあるわ。

◆価値あり（It's worth ～）モード

＊なにごとも、やってみなければわかりませんから…。

ほかの場面で応用しよう！

This movie is worth seeing.
ディス　ムーヴィー　イズ　ワース　スィーン

この映画は観る価値があるわ。

This book is worth reading.
ディス　ブッキズ　ワース　ゥリーディン

この本は読む価値があるわ。

It's not worth waiting any longer.
イツ　ナッ　ゥワース　ゥエイティン　エニィ　ロンガー

これ以上待ってもむだよ。

It's not worth asking.
イツ　ナッ　ゥワース　アスキン

頼んでもむだよ。

使えるログセ30 ▶ 🎧 33

イフ アイドゥ ハダ　　セウフォウン、
If I'd had a cellphone,
アイ ウッ　　ハヴ　　コーウッ　　ダーツ
I would have called Dad.

携帯もってたらパパに電話できたのにね。

◆もし〜だったら（If I had done）モード

＊実際あったことに反する仮定の表現です。あの時もし〜だったらという後悔はよくありますね。If のあとはhad doneという過去完了形になり、would はwould haveになる場合と、wouldのままの場合があります。ややこしい!

ほかの場面で応用しよう！

イフ ウィ ハドゥ ビン ハングリィ、 ウィ ウッ ハヴ
If we had been hungry, we would have
イートゥン サムティン
eaten something.

お腹がすいてたら、なにか食べたのにね。

イフ アイ ハドゥ ノウン ヒー ゥワズ イン ダ ハスピタウ、 ウィ
If I had known he was in the hospital, we
ウッ ハヴ ゴウン トゥー スィー ヒム
would have gone to see him.

あの子が入院してるって知ってたら、お見舞いに行ったのにね。

イフ ウィ ハドゥ スィーン ミスター タカハシ、 ウィ ウッ
If we had seen Mr.Takahashi, we would
ハヴ セッ ヘロウ
have said hello.

もし高橋先生に気づいてたら、声をかけたのにね。

イフ ウィ ハド ゴウン トゥ ダ ディズニーラン、
If we had gone to the Disneyland,
ウィ ウッ ハヴ メッ ミッキーマウス
we would have met Mickey Mouse.

もしきのうディズニーランドに行ってたら、ミッキーに会えたのにね。

イフ ウィ ハド ゴウン トゥ ダ ディズニーラン、
If we had gone to the Disneyland,
ウィ ウッピー タイアドゥ ナウ
we would be tired now.

もしきのうディズニーランドに行ってたら、今疲れてるわよ。

I couldn't have done it without you.

手伝ってもらえなかったらできなかったわ。

I wish I had not eaten so much cake.

あんなにたくさんケーキを食べるんじゃなかった。

> 《ポイント》「もし〜だったらよかったのに」という過去の事実に反する仮定でも、I wishで言うことができます。

I wish it had been warmer.

もっとあったかければよかったのにね。

I wish I'd had a camera.

カメラもってればよかったのにね。

I wish you'd told me sooner.

もっと早く言ってくれたらね。

"Ouch!" "If you had been looking where you were going, you wouldn't have walked into the wall."

「いたっ!」「ちゃんと前を見て歩いてれば壁にぶつかったりしないのに」

使えるロクセ31 ………▶ 💿 34

What team do you support?
ゥワッ　ティーム　ドゥー　ユー　サポー

どのチームを応援する?

◆どの～（What ～ ?／Which ～ ?）モード

＊「どの色が好き?」「どのチームを応援する?」など
でwhichを使うかwhatを使うかは、悩むところ。目の
前に選択肢が並んでいるときはwhichを、想像してみ
るときはwhatを使うことが多いよう。

ほかの場面で応用しよう！

What is your weak subject?
ゥワッティズ　ユア　ウィーク　サブジェク?

どの科目が苦手?
　　　◎weak pointといえば、「弱点」

"Pass me an umbrella." "Which one?"
パス　ミー　アナンブレラ　ウィッチ　ワン?

「傘とって」「どの傘?」

"Which way?" "This way."
ウィッチ　ウェイ?　ディス　ウェイ

「どっちの道に行く?」「こっち」

"What color do you like?" "I like red."
ゥワッ　カラー　ドゥー　ユー　ライ?　アイ　ライク　ゥレッ

「何色が好き?」「赤が好き」

103

使えるログセ32 ...... ▶ 🎧 35

Let me know when Takuya comes back.

レッミー　ノウ　ゥエン　タクヤ　カムズ　バッ

タクヤが帰ってきたら知らせて。

◆~させて（Let me do）モード

＊Let's (= let us) は一緒になにかするときの言い方ですが、let meにすると「私にやらせて」になります。

> ほかの場面で応用しよう！

Let me see.
レッミー　スィー

見せて。

Let me try.
レッミー　チュライ

やらせて。

Let me think.
レッミー　ティンク

考えさせて。

Let me finish.
レッミー　フィニッシュ

最後まで聞きなさい。
　　◎直訳は、「私に終わらせて」

Let me know how it goes.
レッミー　ノウ　ハウ　イッ　ゴウズ

どうなったかを知らせて。
　　◎it goesは、「ことの成り行き」

Let me carry your bag.
レッミー　キャリィ　ユア　バッ

バッグもってあげる。

Let me handle this.／Leave it to me.／
レッミー　ハンドゥ　ディス　リーヴィッ　トゥー　ミー

I'll do the rest.
アイウ　ドゥー　ダ　ゥレス

あとはまかせて。

105

Let me play hooky today.
<ruby>レッミー プレイ フッキー トゥデイ</ruby>

今日ズル休みさせて。
◎play hookyは、「ズル休み」。アメリカ人だってしたいんだ。

Don't let the bedbugs bite.
<ruby>ドン レッ ダ ベッバグズ バイ</ruby>

おやすみ。(きまり文句)
◎ベッドに虫がいた時代からの慣用句。

Don't let Takuya torture you.
<ruby>ドンレッ タクヤ トーチャー ユー</ruby>

タクヤにいじめられないようにね。
◎tortureは、「拷問する」と辞書にありますが、ここはもっと軽い感じ。

That makes me sad.
<ruby>ダッ メイクス ミー サッ</ruby>

悲しいわ。

Don't make me mad.
<ruby>ドン メイク ミー マッ</ruby>

怒らせないで。

Don't make her cry.
<ruby>ドン メイク ハー クライ</ruby>

泣かせないで。

"Dad, good luck!"
<ruby>ダーッ、グッラッ！</ruby>

"He'll never let you down."
<ruby>ヒーウ ネヴァー レッチュー ダウン</ruby>

「(運動会で)パパ、がんばって」「パパはだいじょうぶよ(あなたをがっかりさせないわ)」

使えるロ グセ33 ········ ▶ 🄯 **36**

<ruby>アイ ティンク<rt></rt></ruby> <ruby>ソウ、<rt></rt></ruby> <ruby>トゥー<rt></rt></ruby>
I think so, too.

ママもそう思うわ。

◆そう (so) モード

＊人が言ったことに同感するときの言い方です。語順に注目してください。相手が否定した内容に同感するときはneitherを使うことが多いようです。

ほかの場面で応用しよう！

アイ ホウプ ソウ
I hope so.

ママもそう願うわ。

アイム ボアー　　　　ソウ アム アイ （ミー、トゥー）
"I'm bored." "So am I. (=Me, too.)"

「つまんない」「ママも」

アイ ドン　ライ フィッシュ　　ニーダー　ドゥ アイ
"I don't like fish." "Neither do I."

「おさかなは嫌いだよ」「ママも」

◎Neither do I.の代わりにI don't either.と言うこともできます。

ユキ　　ケントゥ スウィム?　　ニーダー　　ケン ケンジ
"Yuki can't swim?" "Neither can Kenji."

「ユキちゃんは泳げないの？」「ケンジもだよ」

使えるロクセ34 ▶ 🎧 37

How much do you weigh?
ハウ　　マッチ　　　ドゥーユー　　ウェイ?

体重どのぐらい?

◆どのぐらい（How ～?）モード
＊ものごとの程度をたずねる言い方です。

ほかの場面で応用しよう！

How tall are you?
ハウ　トーラーユー?

身長どのぐらい?

How much is this?
ハウ　マッチズ　ディス?

これいくら?

How high can you count in English?
ハウ　ハイ　ケニュー　カウンティン　ニングリッシュ

英語でいくつまで数えられる?

How long have you been here?
<ルビ>ハウ ロング ハヴユー ビン ヒア?</ルビ>

どのぐらいここにいるの?

"How often do you play tennis?"
"Once or twice a week."

「どのぐらいテニスしてるの?」「週に1、2回かな」

◎「週に」「月に」の「に」にあたるのが a です。

"How often do I have to take him for a walk?" "Almost every day."

「どのぐらいお散歩に連れて行けばいい?」「ほとんど毎日よ」

"Mom, how old are you?"
"Old enough."

「ママって何歳?」「じゅうぶんおとなよ」

◎欧米では、大人同士で年齢を尋ねるのはマナー違反。

"How far along is aunt Mariko?"
"She's six months along."

「マリコおばさんは妊娠何カ月?」「6カ月よ」

使えるログセ35 → 38

アイ ハヴン　　　トーデュー　　　　ダ
I haven't told you the
ベス　　　ニュウズ　　オヴォーウ
best news of all.

いちばんいい話はこれからよ。

◆最高 (the ～est) モード

＊日本では最高のものはひとつだけと思いがちですが、英語では、最高のもののひとつという言い方をする場合もあります。

ほかの場面で応用しよう！

What is the highest mountain in Japan?
ゥワッティズ ダ ハィエス マウンテニン ジャパン？

日本で一番高い山は？
◎答えはもちろんMt.Fuji。

Yesterday was the hottest day of the year.
ィエスタデイ ゥワズ ダ ホテスデイ オヴ ダ イヤー

きのうが今年で一番暑かったのよ。

What's the best movie you've ever seen?
ゥワッダ ベス ムーヴィー ユーヴ エヴァー スィーン？

今まで見たなかで一番よかった映画は？

What was the happiest day of your life?
ゥワッ ゥワズ ダ ハピエス デイ オヴ ユア ライフ？

一生のうちで一番幸せだった日は？

She is one of the nicest people I know.
シー イズ ワノヴ ダ ナイセス ピーポウ アイ ノウ

彼女は最高の人よ。

Beckham was one of the best mohicans.
ベッカム ゥワズ ワノヴ ダ ベス モヒカンズ

ベッカムは「最高のモヒカン」のひとりだったわね。
◎ベッカムのイギリス英語は聞き取りにくい！

"Aren't I patient?" "Yes, you are the most patient person I've ever met."
アーンタイ ペイシャン？ ィエス、ユーアー ダ モウス ペイシャン パーソン アイヴ エヴァー メッ

「僕ってがまん強いよね？」「そうね。今までママが会った人のなかで一番がまん強いわ」

111

使えるロクセ36 → 🎧 39

Do as I said!
ドゥー アザイ セッ

言ったとおりにしなさい！

◆〜のように、とおりに (as I do) モード

＊asにもいろいろな意味がありますが、この場合は「〜のように、とおりに」を表します。As usual.やAs always.は、なにかとよく使います。

ほかの場面で応用しよう！

Do as you promised.
ドゥー アジュー プロミストゥ

約束したとおりにしなさい。

You should have done it as I showed you.
ユー シュ ハヴ ダニッ アズ アイ ショウジュー

ママがやったとおりにすればよかったのに。
　　◎この場合のshowは、「やってみせる」という意味で。

You are late as usual.
ユーアー レイ アジュージュアウ

いつものように遅刻ね。
　　◎usualは、「ふだん」

As always.
アズオーウエイズ

いつものことよ。(当然よ)

As you like it.
アジュー ライキッ

好きなようにしなさい。

Reap as you sow.
リーパズ ユー ソウ

自分でまいたたねは自分で刈り取りなさい。

"Did you move anything?"
ディジュー ムーヴ エニティン?

"No, I left everything as I found it."
ノウ、アイ レフ エヴリティン アザイ ファウンディッ

「何かさわったでしょ」「ううん、そのままにしておいたよ」
　　◎moveは「動かす」

113

使えるログセ37 ········▶ 🎧 **40**

The news was surprising.
ダ　ニューズ　ゥワズ　サプライズィン

そのニュースにはびっくりしたわ。

◆びっくり (It's ~ing) モード

＊I was surprised at the news.と言い換えることもできます。Itを主語にしても、Iを主語にしてもいえる、いろいろな形容詞を紹介します。

ほかの場面で応用しよう！

ミューズィッキズ　インタレスティン
Music is interesting.

音楽っておもしろいね。

◎I'm interested in music. と言い換えることもできます。

ダ　　ムーヴィー　　ゥワズ　　ディサポインティン
The movie was disappointing.

その映画にはがっかりしたわ。

◎I was disappointed in the movie. と言い換えることもできます。

ダ　ニュース　ゥワズ　ショッキン
The news was shocking.

そのニュースはショックだわ。

◎I was shocked when I heard the news. と言い換えることもできます。

アイ　ジャス プリテンディドゥ　　トゥー ビー サプライズドゥ
I just pretended to be surprised.

おどろいたふりをしただけよ。

ダ　　サッカー　　ゲイム　　ゥワズ　ヴェリィ エキサイティン
"The soccer game was very exciting!"

ィエス、　アイ ゥワズ エキサイティッ トゥー
"Yes, I was excited, too."

「サッカーの試合、すごくおもしろかったね」「うん、ママもすごく興奮したわ」

115

使えるログセ38 → 41

That's enough.
ダッツ　イナッフ

もうじゅうぶんよ。(しつこいわ)

◆じゅうぶん (enough) モード
＊十分はいいけど、しすぎは禁物です。でもそのボーダーラインはむずかしいもの。

> ほかの場面で応用しよう！

Do you have enough money?
ドゥーユー　ハヴ　イナッフ　マニー？

お金たりるの？

The water is not clean enough to swim in.
ダ　ウォーター　イズ　ナッ　クリーン　イナッフ　トゥー　スウィム

泳ぐには水が汚いわよ。

There aren't enough chairs for everyone to sit down.
デアラーン　イナッフ　チェアーズ　フォア　エヴリィワン
トゥー　スィッ　ダウン

みんなが座れるだけのイスがないわ。

You are watching too much TV.
ユーアー　ウォッチン　トゥー　マッチ　ティーヴィー

テレビの見すぎよ。

This shirt is too big for you.
ディス　シャーティズ　トゥー　ビッ　フォア　ユー

そのシャツはあなたには大きすぎるわ。

The wallet is too big to put in your pocket.
ダ　ウォレッティズ　トゥー　ビッ　トゥー　プティン　ユア
ポケッ

そのさいふは、ポケットに入れるには大きすぎるわよ。

<ruby>イツ</ruby> <ruby>トゥー</ruby> <ruby>グリースィー</ruby>
It's too greasy.

脂っこいね。
　　　◎食べ物にはoilyよりもgreasy

<ruby>ダ</ruby> <ruby>スーピズ</ruby> <ruby>トゥー ハッ</ruby> <ruby>トゥー イー</ruby>
The soup is too hot to eat.

スープが熱くて食べられないよ。

<ruby>アイウ ドゥー マイ ホウムワーク</ruby> <ruby>アフター プレイン ヴィディオ</ruby>
"I'll do my homework after playing video

<ruby>ゲイムズ</ruby> <ruby>フェア イナッフ</ruby>
games." "Fair enough."

「ゲームが終わったら勉強するからね」「ならいいわ」

◎after I play video games も可。

一口メモ　いのちのメッセージ

　テレビで、カナダに住む難病の少女のドキュメンタリーを見た。彼女はうちの長男と同じ11歳であるが、その考え方も生き方も何倍もしっかりしていて驚かされた。

　一番感動したところは、インタビュアーに「自分の死について」たずねられたとき、彼女が "It's sad. But it has to happen.(悲しいけれども、それは必ずやってくる)" と答えたところだ。

　「死ぬ」ということに対して、このような達観した考えをもてるようになるまで、私にさえもあと何年かかるかわからない。

　母親は「この子の病気で11歳というのは長生きしたといえるので、悔いはない」と淡々と語っていたが、母子ふたりで生きてきたその11年という月日は、何十年分の価値をもって今も輝き続けている。

もっと〈リビングで〉のフレーズ

Don't mess up the room.
ドン　メサッ　ダ　ルーム

部屋をちらかさないでね。

That's right.
ダッツ　ゥライ

そのとおり。

Sort of.
ソートヴ

そんなところかな。

Not really.
ナッ　ゥリアリー

そうでもないわ。

Give me a break.
ギミー　ア　ブレイク

じょうだんはよして。

Believe me.
ビリーヴ　ミー

ほんとうよ。

Darn!
ダーン！

まあ！

◎Damn!より女らしい表現です。悔しいときにはShoot!(シューッ)もよく使います。

Clear the way (area).
クリア ダ ウェイ （エリア）

道(場所)をあけて。

It's a pain. ／ I'm not in the mood.
イツァ ペイン　アイム ナッティン ダ ムー

めんどくさい。

◎ なかなか英訳しにくいせりふです。

Who is it?
フーズ イズィッ？

どなたですか？

Hang up, please.
ハンガッ プリーズ

電話を切って。

◎「切る」「切らない」はしっかり覚えておかないとホテルなどで不便。

Hang on. ／ Hold on.
ハンゴン　ホードン

電話を切らないでそのまま待って。

I'll put Dad on.
アイウ プッ ダーッ オン

パパに代わるわね。

Speak up. I can't hear you.
スピーカッ　アイ ケントゥ ヒア ユー

大きな声で話して。聞こえないわ。

Who do you want to speak to?
フー ドゥーユー ゥオントゥー スピーク トゥー？

誰と話したいの？

アイドゥ ゥラダー ナッ
I'd rather not.

やっぱりやめとこう。

オーウモウストゥ エヴリィ マダー ハザ セルフォン
Almost every mother has a cellphone.

ほとんどのお母さんが携帯電話をもってるわ。

ゥエア ハズ ダーッ ゴウン?
Where has Dad gone?

パパはどこに行ったの?

ゥワッティズ ディス スウィッチ フォア?
What is this switch for?

これ何のスイッチ?

ヒアズ フー?
Here's who?

誰かいるの?

アイ ライ ダ スウェター ドウ
I like the sweater though.

それでもそのセーターが好きなんだ。

◎thoughは「にもかかわらず」

ゥワッ? ユー ノウ ゥワッ
"What?" "You know what."

「なに?」「わかってるでしょ」

◎You know what.は、「話があるの」という意味でも使います。

外出

◆予想、予測(It will)モード
◆〜しなきゃ(I have to)モード
◆〜しに行く(I go doing)モード
◆〜するのを忘れた(I forget to do)モード
◆雨がやんだら(If it did)モード
◆何もない(I have nothing)モード
◆〜することにした(I decided to do)モード
◆ほしい、したい(I would like)モード
◆〜みたい(It's like 〜)モード

　私はよくもの忘れをする。しなければならないことを忘れることもあるし、したのを忘れることもある。「忘れる」は英語でforgetだが、このあとにもってくる動詞のかたちを変えると、私のもの忘れを正しく伝えることができる。

　まず、「玄関のカギかけるの忘れた!」のように「しなければいけないことを忘れた」ときには、forget toのあとに動詞の原型をもってきて、"I forgot to lock the door."。

　そして、あわてて家に戻ったものの、ちゃんとカギはかかっていて「カギかけたの忘れてたわ」と照れるような場合は、forgetのあとに〜ing形にした動名詞をもってきて、"I forgot locking the door." とすればよい。

　日本語でも「かける」と「かけた」の小さな違いしかないように、英語も微妙な違いである。

　forgetと同じように、あとの動詞の使い方で意味が変わるものに、remember、try、stopなどがある。

　先日電車の中で見た予備校の車内広告では、英語の先生が黒板にこれらの動詞を描いて説明しているところの写真がのっていた。大学受

験のためにわざわざ覚えこまされる前に、日ごろから使って身につけさせてあげたいものだ。

子どもとの外出でいまだに困るのが"I have to go.(トイレ行きたい)"である。

だからトイレを見かけるたびに、"Do you need to pee?"と声をかけている。need toは、have toよりもソフトな感じで、まだ「行きたい」にも余裕がある。have toになると、もうかなりせっぱつまった感じだ。一刻もはやく連れていかなければならない。

日常生活では「しなければならない」モードはたくさんある。お母さんの一日などは、実はそういうことに追われて終わってしまうともいえる。

なにかする前に必ず"I have to do the laundry.""I have to do the dishes.""I have to clean up the room.""I have to…"と言っていれば、もうこのモードを忘れることはない。

ついでに"The light bulb needs changing.(電球を換えなくちゃ)"をひとつ覚えておくと、いろんなものが換えられるようになる。

「雨がやんだら外に出られるのにね」のように、現在の事実に反することがらを仮定して話すモードがすらすら言えたらりっぱな上級者。"If it stopped raining, we would be able to go out."が長すぎると思う人は、短い例文を覚えて、ifのパートが過去形になることを忘れないようにしよう。

使えるロクセ39 ▶ 🎧 **43**

Don't worry. We'll get in.
（ドン　ウォーリィ　ウィウ　ゲティン）

だいじょうぶ、きっと入れるわよ。

◆予想、予測（It will）モード

＊未来のことに対する話し手の予想や予測を感じさせる表現です。この場合は、行列のできる店の前などで使うとよいでしょう。

ほかの場面で応用しよう！

If you touch it, you'll burn yourself.
（イフユー　タッチッ、ユーウ　バーン　ユアセウフ）

さわったらやけどするわよ。

That won't do.
（ダッ　ゥオウン　ドゥー）

それじゃだめだね。

It will not happen again.
（イッウィウ　ナッ　ハプンナゲン）

こんなことは二度とないわ。

That'll be the day!
（ダトゥウ　ビー　ダ　デイ！）

まさかね。

ユーケン　　ピーア　チャンピオン
You can be a champion.
チャンピオンになれるわ。

ユーウィゥ　ゲッ　ビッ　ファストゥ
You will get big fast.
すぐに大きくなるわ。

アイム　シュア　ユーウ　パス
I'm sure you'll pass.
きっと合格するよ。

ドゥーユー　ティンク　ダーッ　ウィウ ライ　ダ　プレゼン?
Do you think Dad will like the present?
パパはプレゼント気に入ってくれると思う?

《ポイント》think(思う)、sure(たしかに)、probably(たぶん)、suppose(思う)、wonder(かしら) などと一緒によく使います。

アイ ゥワンダー　ゥワッ　ウィウ ハプン
I wonder what will happen.
何が起こるのかしらね。

アイ ドゥルー ディス　ピクチュア
"I drew this picture."
ユーウ　ピー ア グッ　アーティス
"You will be a good artist."
「この絵、ボクが描いたの」「アーティストになれるわ」

◎You are a good artist.(もうアーティストね)と言ってあげてもいいですね。

125

使えるログセ40 ········· ▶ 🎧 **44**

Do you need to pee?
<small>ドゥーユー　ニートゥー　ピー？</small>

おしっこ？

◆～しなきゃ（I have to）モード

＊子どもと話すときには欠かせない言い方です。have toのほうがmustよりも口語的で、have toはhave got toと言われることもあり、それを略してhave gottaというふうに使われているのをよく耳にします。need toは、have to よりもソフトな感じです。

ほかの場面で応用しよう！

You have to get up early tomorrow, right?
<small>ユー　ハフトゥー　ゲダッ　アーリィ　トゥマロウ、ゥライ？</small>

明日早起きしなきゃいけないんでしょ？

You have to say hello (good bye) to your teacher.
<small>ユー　ハフトゥー　セイ　ハロウ　（グッバイ）　トゥー ユア　ティーチャー</small>

先生に「こんにちは(さようなら)」って言わなきゃだめよ。

I have to do the dishes.
<small>アイ ハフトゥー　ドゥー ダ　ディッシィズ</small>

お皿洗わなくちゃ。

ウィ ハフトゥー **イー** クリスマス レフト**ゥ**ヴァーズ
We have to eat Christmas leftovers.

クリスマスの残り物を食べなくちゃ。
◎leftoverは、「残り物」

ウィ ハフトゥー ゴウ ナウ
We have to go now.

もう帰らなきゃ。
◎We've gotta go now.ともよく言います。

アイ ハフトゥー ゴウ
I have to go.

おしっこ行きたい。
◎ 直訳は、「行かなきゃならない」ですが、子どもはよくこういう意味で使います。「アイ ガッタ ゴウ」と発音されることもあります。

ドゥーアイ ハフトゥー?
Do I have to?

やらなきゃだめ?

ダ ライ バウブ ニーズ **チェ**インジン
The light bulb needs changing.

電球を換えなくちゃ。
《ポイント》needを使っても「しなくちゃ」のニュアンスが出せます。

ユーニー エイ**タ**ワーズ ス**リ**ーパ ナイ
You need eight hours' sleep a night.

8時間は寝なくちゃね。

You need a hair cut.
髪切らなきゃね。

Why don't you go back to bed?
ベッドにもどったら?

《ポイント》Why don't you〜?は、「なんで〜しないの? =しなさい」(したら) になります。

Why don't you take turns?
順番にやればいいのに。

Why don't you tell me what it means?
どういう意味が教えてよ。

You mustn't tell anyone.／
Don't tell anyone.
誰にも言っちゃだめよ。

《ポイント》否定形になったとき、don't have toは「しなくてもよい」must notは「してはいけない」になるので注意!

You mustn't be late.
遅れちゃだめよ。

He must be rich.
ヒー　マスビー　ゥリッチ

あの人はきっとお金持ちよ。

《ポイント》mustは「ちがいない」という意味でも使います。

Takuya must have done it.
タクヤ　マス　ハヴ　ダニッ

タクヤがやったにちがいないわ。

◎Takuya has to have done it.でも可。

We might as well.
ウィ　マスタズ　ウェゥ

そうするしかないわね。

《ポイント》するしかない！というときの表現です。may as wellもmight as wellも同じように使います。

We might as well go now.
ウィ　マイタズ　ウェゥ　ゴウ　ナウ

今行くしかないわね。

We might as well buy this.
ウィ　マイタズ　ウェゥ　バイ　ディス

今買うしかないわね。

"Do I have to?" "No, it's up to you."
ドゥーアイ ハフトゥー？　　ノウ、イツァップ　トゥー ユー

「やらなきゃだめ？」「ううん、あなた次第よ」

◎up to ～で、「～次第」という表現ができます。

使えるログセ41 ……… ▶ 🔘 **45**

Let's go grocery shopping.
レツ　　　ゴウ　　グロウサリィ
シャッピン

夕食の買い物に行きましょう。

◆〜しに行く（I go doing）モード

＊動詞のあとに別の動詞のing形をとる言い方です。finish(を終える)、enjoy(を楽しむ)、go (しにいく)、mind(を気にする)、think of (について考える)、keep(をしつづける)、regret(を後悔する)など、何度も言って口で覚えるのがいちばん。

ほかの場面で応用しよう！

Keep it going.
キーピッ　ゴウイン

その調子！

I enjoy playing tennis.
アイ エンジョイ プレイン　テニス

テニスって楽しいね。

Have you finished reading the book?
ハヴュー　　フィニッシュトゥ ゥリーディン　ダ　ブッ？

その本、読み終わった？

130

I regret doing that.
あんなことをして後悔してる。

I now regret saying that.
あんなこと言って、今は後悔してる。

I'm looking forward to meeting grandma.
おばあちゃんに会うのが楽しみだな。
《ポイント》「楽しみにする、おめでとうを言う」などもこのモードで言えます。

I forgot to thank them for helping me.
あの子たちに手伝ってくれてありがとうって言うのを忘れちゃった。

Dad was fined for speeding.
パパはスピード違反で罰金をとられちゃったんだって。
◎speedは「スピードを出す」という動詞でも使います。

"I've given up trying to lose weight."
"I knew it."
「もうやせるのはやめたわ」「やっぱりね」
◎「やめないで」と言うならDon't give up.

使えるログセ42 ▶ 🄯 46

I forgot to lock the door!
アイ フォゴットゥー ロッ ダ ドー

玄関のかぎしめるの忘れた!

◆〜するのを忘れた（I forget to do）モード

＊動詞のあとにto doがくるか、〜ingがくるかで言い分けます。stop(立ち止まる、やめる)、remember(思い出す、覚えている)、try(やろうとする、やってみる)などもその仲間です。

ほかの場面で応用しよう！

アイ フォゴッ ロッキン ダ ドー ゥエナイ レフ
I forgot locking the door when I left.

出かけにちゃんとかぎかけたの忘れてたわ。

アイ フォゴットゥー ロック マイ バイシクゥ
I forgot to lock my bicycle!

自転車のかぎをかけるの忘れた!

アイ ゥリメンバー コーリン ダーッ
I remember calling Dad.

パパに電話したの覚えてるよ。

プリーズ ゥリメンバー トゥー メイゥ ダ レター
Please remember to mail the letter.

手紙を出すのを覚えててね。

Stop fighting!
<ストッ ファイティン!>

ケンカをやめなさい!

I stopped to talk to him.
<アイ ストップトゥー トーク トゥー ヒム>

彼と話すために立ち止まったのよ。

Try pushing the button.
<チュライ プッシン ダ バトゥン>

そのボタンを押してごらん。

I tried to move the table…
<アイ チュライトゥー ムーヴ ダ テイボウ>

そのテーブルを動かそうとしたんだけど…

It's starting to rain.
<イツ スターティン トゥー ゥレイン>

雨が降ってきたよ。

《ポイント》love, hate, start, begin, continueのようにto doでも〜ingでも意味が変わらない動詞があります。ただし、ing形が重なるのは避けます。この場合は、It's starting raining.と言ってもまちがいではありませんが、なるべくなら避けたほうがよいでしょう。

Do you like being a girl?
<ドゥーユー ライ ビーンガ ガーゥ?>

自分が女の子でよかった?

《ポイント》likeの場合、「〜でよかった」のような場合だけ〜ing形だけをとり、ほかの場合は、どちらをとることもできます。

133

You like living here, right?
ユー ライ リヴィン ヒア、 ライ?

ここに住んでよかったね。

Do you like to dance?
ドゥーユー ライ トゥー ダンス?

踊るの好き?

◎Do you like dancing?という言い方もできます。

I don't like to get up early.
アイ ドン ライ トゥー ゲダッ アーリィ

早起きは好きじゃないよ。

◎I don't like getting up early.という言い方もできます。

"Hurry up!" "I'm trying."
ハリィ アッ! アイム チュライン

「早くして!」「しようとしてるよ」

"I can't open the door."
アイ ケントウブン ダ ドー

"Try turning it the other way."
チュライ ターニンギッ ディ アダー ウェイ

「ドアが開かないよ」「反対に回してごらん」

使えるログセ43 ▶ 🎧 47

イフ イッ ス**トッ**プトゥ ゥレ**イ**ニン、
If it stopped raining,
ウィ ウッビー エイブウ トゥー
we would be able to
（クドゥ） ゴウ アウ
(could) go out.

雨がやんだら外に出られるのにね。

◆雨がやんだら（If it did）モード

＊なにかを仮定したうえでのトークです。まずあり得ないことを仮定して話すとき、Ifのあとの動詞は過去形になり、willはwouldになります。でも意味は現在です。またニュアンスによって、would(だろう)がcould(できるのに)、might(かもしれない)なども使えます。

ほかの場面で応用しよう！

ゥ**ワッ**ティフ ユー ワー ミー？
What if you were me?

もしあなたがママだったらどうする？

ゥ**ワッ**ティフ ユー ロス？
What if you lost?

もし負けたらどうする？

135

Uncle Akira would be hurt if we didn't go.

私たちが行かなかったら(アキラ)おじさんはがっかりするわ。

What would you do if you were bitten by a snake?

もしへびに噛まれたらどうする?

If I could drive, it would be helpful.

もし僕が運転できたら、役に立つよね。

If I won a million yen, I would buy a robot.

百万円当たったら、ロボットを買うよ。

What would you do if you were me?

もしママが僕だったらどうする?

I wish I were a bird.

鳥になれたらな…

《ポイント》I wishのかたちで、「もし…ならいいのに」と現状とは反対のことを願望することができます。

アイ ウィッシュ アイ ハダンブレラ
I wish I had an umbrella.

傘があればね。

アイ ウィッシュ アイ ハダ セウフォン
I wish I had a cellphone.

携帯電話があればいいのに…。

アイ ウィッシュ ダーッ ゥワー ヒア
I wish Dad were here.

パパがここにいたらな…。

アイ ウィッシュ アイ ウッハヴ リッスンディン サイエンス
I wish I would have listened in science.

理科の授業聞いておけばよかったわ。

イフ アイ スィー ヒム、アイウ アスク
If I see him, I'll ask.

もし彼に会ったら、聞いてみるわ。

《ポイント》あり得る仮定の場合は、If のあとの動詞が現在形のままです。「〜したときモード」のwhenとほとんど同じニュアンスです。

イフ ダーッ ノウズ、 ヒーウ ゲッタングリィ
If Dad knows, he'll get angry.

パパが知ったら怒るだろうね。

アイ ロス マイ マイクロ カー
"**I lost my micro car.**"

イフ アイ ファインディッ、アイウ テリュー
"**If I find it, I'll tell you.**"

「ミニカーなくしちゃった」「見つけたら教えるわ」

使えるログセ44 ► 🎧 **48**

We have no time.
（ウィ ハヴ ノウ タイム）

時間がないわ。

◆何もない (I have nothing) モード

＊「なにもない」ではなくて、「なにもないがある」という英語らしい言い回しに慣れましょう。

ほかの場面で応用しよう！

I have nothing to eat.
（アイ ハヴ ナティン トゥー イー）

食べるものがなにもないよ。

There was no bus.
（デア ゥワズ ノウ バス）

バスが一台もなかったのよ。

There were no stores open.
（デア ゥワー ノウ ストアーズ オウプン）

開いてるお店がなかったわ。

No news is good news, right?
知らせがないのはいい知らせね。

I had no choice.
しかたなかったのよ。

No go! ／ Nope.
だめ!

There are none left.
ひとつも残ってないわ。

◎noneのあとには名詞はいりません。

"Nobody understands my feelings."
"I know how you feel."
「誰もわかってくれないんだ」「わかるわよ」

使えるログセ45 ········· ▶ 🎧 **49**

アイ ディ**サ**イディッ　　　トゥー テイカ　　**タ**クスィー
I decided to take a taxi
ホウム
home.

タクシーで帰ることにしたわ。

◆～することにした（I decided to do）モード

＊～しに行くモードが動詞+～ing形だったのに対して、decide(することを決心する)、remind(思い出させる)、agree(することに賛成する)、hope(することを望む)、learn(することを習う)、teach(を教える)、seem(のように見える)、pretend(のふりをする)などのあとにはたいていto doのかたちがきます。

ほかの場面で応用しよう！

ユー　　プロミス　　　　ナッ　　トゥー ビー レイ　　ゥライ?
You promise not to be late, right?

遅れないって約束するよね?

ユー　　ス**ィ**ーム　　トゥー ハヴ　　ロス　　ゥエイ
You seem to have lost weight.

やせたみたいね。

140

You seem tense.

緊張してるみたいね。

Will you teach me to play cat's cradle?

あやとり教えてくれる?

You are pretending to be sleeping, right?

寝てるふりをしてるわね。

You need to get more exercise, right?

もっと運動したほうがいいんじゃない?

Can you remind me to buy mayonnaise?

マヨネーズ買うの忘れないように言ってね。

◎buy a bottle of mayonnaiseでもOK。

"Don't tell anyone."

"I promise not to tell anyone."

「誰にも言わないでね」「約束するわよ」

使えるログセ46 ……… ▶ 🎵 **50**

I would like something to drink.
アイ ウッ ライ サムティン トゥー ジュリン

何か飲みたいわ。

◆ほしい、したい（I would like）モード

＊自分のほしいもの、したいことが言えるのはとっても大事。want はwould likeよりも子どもっぽくカジュアルな表現です。want toは、口語ではwannaと省略されることがあります。

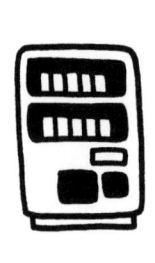

> ほかの場面で応用しよう！

アイ ゥオン　サムティン　　　　　トゥー　イー
I want something to eat.

なにか食べたいな。

アイ ゥオン　ニュー　サッカー　シューズ
I want new soccer shoes.

新しいサッカーシューズがほしい。

ゥワッ　ウッジュー　　　　ライ　フォア ディナー?
What would you like for dinner?

夕ごはん、なにがいい?

アイ ウッライカ　　　　ビッ　ヘウピン
I would like a big helping.

大盛りにして。

　◎helpは、「盛る」という意味があり、helpingは、「盛り」を表します。

オーライ ゥオントゥー　　ドゥー　イズ　トゥー スリープ
All I want to do is to sleep.

とにかく寝たいよ。

《ポイント》「〜したい」というときにはwant to doになります。

ダッツォーウ　　アイ ゥオン トゥー　ドゥー
That's all I want to do.

そうしたいだけだよ。

アイ ゥオントゥー　ゴウ　ピー
I want to go pee.

おしっこ行きたい。

アイ ゥオントゥー ゴウ ホウム
I want to go home.
おうちに帰りたい。

アイ ゥッライ　トゥー ビー ゥリッチ
I would like to be rich.
お金持ちになりたい。

ゥワッ ゥッジュー ライ トゥー イー?
What would you like to eat?
なに食べたい?

アイ ゥッライ　トゥー ハヴ ハディッ
I would like to have had it.
食べたかったな。

《ポイント》「したかった(実際はしなかった)」は、would like to have doneで表します。

アイ ゥッライ　トゥー ハヴ スィーン キムタク
I would like to have seen Kimutaku.
キムタクに会いたかったな。

アイ ゥッライ　トゥー ハヴ ゴウン トゥー ダ パーティ
I would like to have gone to the party.
パーティに行きたかったな。

ドンチュー ゥオントゥー ノウ?
"Don't you want to know?"
ィエス、 アイ ゥオントゥー ノウ
"Yes, I want to know."
「知りたくない?」「知りたい」

使えるロクセ47 ▶ 🎧 51

It's like walking on ice.
(イツ ライ ウォーキンゴン アイス)

氷の上を歩いているみたいね。

◆〜みたい（It's like 〜）モード

＊なにかにたとえたり、似ていることを指摘するときの言い方です。

ほかの場面で応用しよう！

It looks like snow (snowing).
(イッルックス ライ スノウ)

雪になりそう。

Dad looks like he's winning.
(ダーッ ルックス ライ ヒーズ ウィニン)

パパが勝ちそうね。

He looks like a smart boy.
(ヒー ルックス ライカ スマー ボーイ)

あの子はかしこそうね。
◎「かしこい」は、smart.

What a beautiful house! It's like a castle.
(ゥワッタ ビューリフォウ ハウス! イツ ライカ キャッスウ)

きれいな家ね。お城みたい。

145

You look tired.
疲れてるみたいね。

《ポイント》look ～(のように見える)、sound ～(のように聞こえる)、smell ～(のようなにおいがする)、taste ～(のような味がする)などもバリエーションとして使えます。

You look very good today.
今日はすごく元気そうね。
◎ You are looking very good today. でもOK

That house looks as if it's going to fall down.
あの家は倒れてしまいそうね。

That sounds like he was right.
彼が正しかったみたいね。

Sounds nice.
(聞くところでは)よさそうね。

Smells good.
おいしそうなにおい。

This milk tastes strange.
このミルク、へんな味がするよ。

イッテイスツ　ブレン
It tastes bland.

まずいね。
　　◎blandは、「味が薄い」感じ。クスリなどは「飲みやすい」となります。

テイスツ　　ソウティ
Tastes salty.

しょっぱーい。

イッシームズ　インポスィボウ　トゥー　ミー
It seems impossible to me.

それはママには無理みたいね。

シー　　ルックス　ライ　ハー　マダー、　ダズン
"She looks like her mother, doesn't
シー?　　ヤー、　デイ　アー　ヴェリィ　アライ
she?" "Yah, they are very alike."

「あの子はお母さんにそっくりね」「うん、2人はすごく似てるね」

一口メモ　めんどうくさいは?

病院に子どもの検査結果を聞きに行ったときのこと。待合室でボブサップのようなお父さんと小さな女の子と隣あわせた。

そのころ「めんどうくさい」というのを英語でどういうかと考えていたので、失礼は承知で"Is she OK?"とお父さんに話しかけた。

彼は奥さんが日本人ということで、日本語もよくわかっている様子。そこでちょっとした会話のあと、「日本人はよくめんどくさいっていいますよね。英語ではどう言いますか?」とたずねると、「I'm not in the mood.かな」と教えてくれた。「It's a pain.というのはどうですか?」とまたたずねると、「ああ、それもいいね」ということだった。

ほどなく彼らがレントゲン室に入ったと思ったら、技師の人がすぐ出てきて、「診察券はお母さんがもっててください」と渡されてしまった。Oh, my!

もっと〈外出〉のフレーズ 🎵52

Tempting.
ちょっとそそられるわね。

Feel free to walk (look) around.
自由に歩き(見て)まわっていいわよ。

Stop goofing off!
まじめにしなさい!

◎goofyは、「まぬけな」という意味。あのグーフィーと関係ある?

See you around.
またね。

◎Catch you later. でもOK

Check this out.
見てみようか。

◎DJがよく言うのはCheck it out!(おすすめだよ)

Stick around.
そばにいなさい。

Get in the line.
列にならんで。

◎You have to line up. でもOK

ドン　カッティン　ダ　ライン!　マインジュア　マナーズ
Don't cut in the line! Mind your manners.

横入りしないの。行儀よくね。

テンキュー　　フォア　オーウ　ユー　ハヴ　　ダン　　フォア　ミー
Thank you for all you have done for me.

お世話になりました。
　　　◎もちろんお世話になった方へ。家族に言ったら大変…

ウワッ　バス　ゴウズ　トゥー ダ　ステイション
What bus goes to the station?

どのバスが駅まで行くのかしら?

ゥエン　ドゥー ウィー ゲッデア
When do we get there?

いつ着くの?
　　◎「着く」にはarrive atやreachもあります。

ドゥ　　イッ ゥレインダ　ロッ、 ウィ　エンジョイドゥ
Though it rained a lot, we enjoyed
アワセウヴズ
ourselves.

すごい雨だったけど、楽しかったね。

　　◎In spite of the rain, we enjoyed ourselves.でも、Despite the rain, we enjoyed ourselves.でもOK。

ゥワッツァップ?　　　　ナッティン
"What's up?" "Nothing."

「最近どう?(お変わりありませんか?)」「べつに」
　　◎親子というよりは、友だちとの会話に。

149

トラブル＆アドバイス

◆その時していました（I was doing）モード
◆〜と思う（I think）モード
◆前によくしたわね（I used to do）モード
◆〜するつもり（I'm going to do）モード
◆たぶんそうだわ（I might do）モード
◆〜したほうがいいわ（I should do）モード
◆ある、いる（there is／there are）モード
◆〜の間に（While I do）モード
◆なにか（something／anything）モード

　あるお母さんから、「ERを日本語字幕なしで観られるようになりたいです」というメールをいただいた。ERというのはアメリカの大ヒットテレビドラマシリーズのタイトルで、NHKでも時々放送されているため、日本人のファンも多い。ERと呼ばれる病院の緊急救命室を舞台にして、人間の生と死をドラマチックに描いているところに人気がある。と、いうぐらいは知っていたものの、なかなか観るチャンスがなかった。

　しかし、わが家にDVDプレイヤーがやってきたのをきっかけに、TSUTAYAのレンタルで第1巻を借りて以来たちまちとりこになってしまった。特に気に入ったのは、主人公のひとりが小児科医だということ。彼が出てくるシーンには母親と子どもがかならず登場するからだ。

　DVDを日本語字幕モードにして、目では日本語、耳では英語を追っていく。そして「おっ」というせりふを見つけたら英語字幕モードにして確かめるのである。子どもから「またER観てるの？」とあきれられながらも、そういうことを半年以上つづけて、やっと5年分ぐらいの全エピソードが見終わった。

　たとえば"How far along are you?（妊娠何カ月？）"のような、妊婦

トラブル&アドバイス

さんとみれば必ず言うフレーズも、ERを見ていて発見したもの。ほかにも、本書の例文の参考にさせてもらったせりふは多い。

ERのようなアメリカのドラマを見ていると、I think 〜という言い方が多いことに気づく。そして、実は日本人もよく「だと思う」と言うのはなんでだろ〜?と考えたところ、英語日本語ともに共通のニュアンスがあるのに気がついた。

それは "It's not serious.(たいしたことないよ)" と言うと断定的だが、"I don't think it's serious.(たいしたことないと思うよ)" と言うと「もしかすると重大かもしれない」という気持ちがちらっと見えること。

つまり80%ぐらいしか自信がないが、I thinkで言っておけば、「あなたがこう言ったじゃない」と責められることがないわけだ。これはあくまで自分の意見だということをはっきりさせてからものを言うことは、世渡り上手の秘訣かもしれない。

息子や娘が「お腹が痛い」ということは珍しくないが、そんなとき、まず「食べすぎかもね」と言うのが私の口ぐせのひとつである。こんな簡単なフレーズも、"You might have eaten too much." という英語にするのは楽じゃない。

「かも」と「食べすぎた」という過去のニュアンスを表現したいのに、「かも」を表すmayやmightのあとには動詞の原型がくるのが決まりだから過去形がとれない。で、しょうがなくhave + eatenにしたと考えるか、それとも丸暗記するか。It's up to you.(それはあなた次第)。

使えるログセ48 ......▶ 🄫 53

アイ バーントゥ マイ ハンドゥ ゥワイル アイ
**I burnt my hand while I
ゥワズ クッキン ディナー
was cooking dinner.**

夕ごはんをつくっているときに、
腕にやけどしちゃったのよ。

◆その時していました（I was doing）モード

*過去進行形です。過去のある時点で起こっていたことについて話すことができます。つまり、ビデオを見ながらその時の様子を語る感じです。

ほかの場面で応用しよう！

ゥワッ ゥワー ウィ ドゥーイン アッ エイ ラスナイ?
What were we doing at eight last night?

きのうの8時ごろ、なにしてたっけ？

アイ ゥワズ ウォッチン ティーヴィー ゥエン ダ フォン ゥラング
I was watching TV when the phone rang.

テレビを見ているときに電話が鳴ったのよ。

アイ ゥワズ ウォーキン ホウム ゥエナイ メッ ダーツ
I was walking home when I met Dad.

歩いて帰るとちゅうでパパに会ったのよ。

アイ ゥエイヴダッ　ユキ、　バッ　シー　ゥワズン　ルッキン
I waved at Yuki, but she wasn't looking.

ゆきちゃんに手をふったけれど、気がついてくれなかった。

アイ ゥワズ デイジュリーミン
I was daydreaming.

ぼーっとしていたわ。

アイ ニュー イッ
I knew it.

やっぱりね(知ってたよ)。

《ポイント》know(知っている)やwant(ほしい、したい)は意味的には進行形に似ていますが、ふつう進行形にはしません。

ユー　ゥオンティットゥー　ゴウ　ホウム、　ゥライ?
You wanted to go home, right?

あなたが家に帰りたがったのよ。

ユー　アー　イーズィーゴウイン、　アーンチュー?
You are easygoing, aren't you?

のんきね。

ゥワッ　ゥワー　ユー　トーキンガバウ?
"What were you talking about?"

ダッツァ　スィークレッ
"That's a secret."

「何をしゃべってたの?」「ひみつ」

153

使えるログセ49 ▶ 🔘 54

I don't think it's serious.
アイドン　　ティンク　　イツ　スィリアス

(その傷)たいしたことないと思うわ。

◆〜と思う (I think) モード

＊自分の考えを言ったり、相手の考えを聞いたりするときに。

ほかの場面で応用しよう！

I think that's a good idea.
アイ ティンク ダッツァ　グッアイデア

いい考えだと思うわ。

What do you think?
ゥワッ　ドゥー ユー　ティン?

どう？

I think you know what I mean.
アイ ティンキュー　ノウ　ゥワッタイ　ミーン

とぼけないで。

アイ ティンク イツ サワー グレイプス
I think it's sour grapes.

それは負け惜しみだと思う。

アイ ティンク アイ ケン ゴウ　　プロバブリィ　アイ ケン ゴウ
I think I can go.／Probably I can go.／
メイビー　アイ ケン ゴウ
Maybe I can go.

行けると思う。

　　◎行く確率は、I think I can go.（80%）／Probably I can go.（70%）／Maybe I can go.（50%）になります。

ユー　　ティンク アイ ドン　　ハヴ　　エニィ チョイス
You think I don't have any choice.

そうするしかないって、思ってるくせに。

イツ　　サポウストゥー　　　スノウ　　トゥマロウ
It's supposed to snow tomorrow.

明日は雪になるらしいよ(雪になると思われる)。

マム、　　ディス　コピィ　マシーン　　　ダズン　　　ゥワーク
"Mom, this copy machine doesn't work."
アイ ティンキッ　ゥラン ナウトヴ　　ペイパー
"I think it ran out of paper."

「ママ、コピーできないよ」「紙がなかったのかな」

　　◎run short of〜で、「不足する」、run out of〜で、「使い果たす」と言う意味に。

155

使えるログセ50 ········▶ 🎧 **55**

You used to catch colds.

ユー　ユーストゥー　キャッチ　コウウドゥ

前はよく風邪をひいたわね。

◆前によくしたわね（I used to do）モード

＊思い出話をするときによく出る「前はよく〜したわね」という言い方。used toを覚えておけば簡単です。

ほかの場面で応用しよう！

You used to cry.
前はよく泣いたわね。

You didn't used to like it before.
前は好きじゃなかったわよね。

We used to live in Yokohama.
私たちは前、横浜に住んでいたのよ。

She used to have very long hair.
あの子、前はすごく髪が長かったわよね。

It used to be a movie theater.
ここは前映画館だったのよ。

"**Can you stand on your hands?**"
"**No, but I used to be able to do it.**"
「逆立ちできる?」「できないわ。前はできたけど」

　　◎「逆立ち」はhandstand、「けんすい」はchin-up

使えるログセ51 ········ ▶ 🔴 **56**

イツ　ゴウイン　　　トゥー ビー　オウ ケイ
It's going to be OK.

なんとかなるわよ。

◆〜するつもり（I'm going to do）モード

＊現在の様子から判断して未来のことを予想するとき、また自分が前々から考えていた予定について「〜するつもり」という言い方です。going toは、省略してgonna(ゴナ)と言うことがあります。予定モードとの違いはほとんどありません。

ほかの場面で応用しよう！

ゥワッターユー　　　　ゴウイン　　トゥー　ウエア?
What are you going to wear?

何を着ていくつもり？

アイム　ゴウイン　　トゥー　コーウ グランマ　　　トゥナイ
I'm going to call grandma tonight.

今夜おばあちゃんに電話するつもりよ。

ウィア　　　ゴウイン　　トゥー　ビー　レイ
We're going to be late.

遅れちゃいそうだわ。

アイム　ゴウイン　　トゥー　ゲッ ジュレス
I'm going to get dressed.

着替えてくるね。

アイム ゴウイン トゥー テイカ クイック シャワー
I'm going to take a quick shower.

シャワーあびてくるね。
◎quickをつけると、さっと浴びる感じがでます。

イツ ゴウイン トゥー ゥレイン
It's going to rain.

雨が降りそうだよ。

アイム ゴウイン トゥー テウ ユー ダ トゥルース
I'm going to tell you the truth.

ほんとうのことを言うよ。

アイム ゴウイン トゥー ゥエッ マイ パンツ
I'm going to wet my pants.

もれそう。
◎「パンツをぬらす」という言い方がおもしろい。

ウィ ゥワー ゴウイン トゥー プレイ テニス ィエスタデイ
We were going to play tennis yesterday.

昨日テニスをするつもりだったの。

《ポイント》Be動詞を過去形にすることで、過去の「つもり」を言うことができます。

アイ ソート イッ ゥワズ ゴウイン トゥー ゥレイン、バッダ サン ケイム アウ
I thought it was going to rain, but the sun came out.

雨が降ると思ったけど、晴れたわ。

ルック、 ダ ウィンドウ イズ ダーティ
"Look, the window is dirty."

アイ ノウ アイム ゴウイン トゥー クリーンニッ レイター
"I know. I'm going to clean it later."

「見て、窓が汚れてるよ」「そうなのよ。後で拭いておくわ」

使えるログセ52　▶ 57

You might have eaten too much.
ユーマイ　ハヴ　イートゥン　トゥー　マッチ

食べすぎかもね。

◆たぶんそうだわ（I might do）モード

＊100％断言できないけれど、たぶんそうだと思っているときの言い方です。mightはmay、couldはcanの過去形ですが、現在の意味で使われます。mightとmayとcouldはまったく同じと考えていてOK。

ほかの場面で応用しよう！

It might (could) be Dad.
イッ マイ （クドゥ） ビー ダーッ

(電話が鳴って)たぶんパパからよ。

Ask Dad. He might know.
アスク ダーッ ヒー マイ ノウ

パパに聞いてごらん。たぶん知ってるわ。

Takuya might be having lunch now.
タクヤ マイビー ハヴィン ランチ ナウ

今ごろ、たぶんタクヤはお昼を食べてるわ。

You may have to grow into it.

たぶん大きくなったらちょうどよくなるわ。

◎grow intoで、「大きくなってちょうどよくなる」というニュアンス。

You might (could) have left it in the store.

きっとあの店に忘れてきたのよ。

《ポイント》過去のことについて言いたいときは、might, may, couldのあとに完了形をもってきます。

He might not have known about it.

(彼は)たぶん知らなかったんじゃないかな。

He might have been asleep.

(彼は)たぶん寝てたんじゃないかな。

"It might rain."

"Take your umbrella with you."

「雨が降りそう」「傘もっていきなさい」

"It might be tough."

"But I think it's challenging."

「むずかしいかもね」「でもやりがいはあるわよ」

使えるログセ53 ▶ 🎵 58

You look tired.
You should go to bed.

疲れてるみたいね。寝たほうがいいわよ。

◆～したほうがいいわ（I should do）モード

＊お母さんが子どもによく言う、ちょっとキツめのアドバイスです。

ほかの場面で応用しよう！

You should leave now.
もう出発したほうがいいわ。

You should get moving.
早くとりかかったら?

You should call as soon as possible.
なるべく早く電話したほうがいいわ。

What should I make for dinner?
夕ごはん、何をつくろうかな。

You should have come.
_{ユーシュ ハヴ カム}

来るべきだったわね。

《ポイント》過去のことを「したほうがよかった」と後悔するときにはshouldのあとに現在完了形がきます。

You shouldn't have eaten so much chocolate.
_{ユーシュドゥン ハヴ イートゥン ソウ マッチ チョーコレッ}

そんなにたくさんチョコレートを食べなければよかったのに。

I should have listened to Mom.
_{アイシュ ハヴ リッスン トゥー マム}

ママの言うことを聞いておけばよかったよ。

You'd better go now or you'll be late.
_{ユードゥ ベター ゴウ ナウ オア ユーウ ビー レイ}

今出なきゃ遅れるわよ。

《ポイント》学校で習ったhad better〜を使うと、かなりキツいアドバイスになります。

We should stop for gas soon.
_{ウィシュ ストッ フォア ガス スーン}

すぐガソリンスタンドに寄らなきゃだめだわ。

"What should we do?"
_{ゥワッ シュウィ ドゥー}

"Pull yourself together."
_{プウ ユアセウフ トゥゲター}

「どうしよう」「しっかりしなさい」

163

使えるログセ54 ▶ 🔘 59

There you are!
デア　　　ユー　　アー

ここにいたのね!

◆ある、いる (there is／there are) モード

＊いる、いない、ある、なしといえば、there isと出てくるように、ひとつ覚えていきましょう。

ほかの場面で応用しよう!

There's no need to rush.
デアズ　ノウ　ニートゥー　ゥラッシュ

あわてなくていいのよ。

There are no banks open!
デアラー　ノウ　バンクス　オゥプン

銀行が全部しまってる!

How many boys are there in your class?
ハウ　メニィ　ボーイズ　アー　デア　イン　ユア　クラス?

クラスに男の子は何人?

There was a lot of traffic.
デア　ゥワザ　ロットヴ　チュラフィック

道が混んでたのよ。

There is a new toy store near here.

近くに新しいおもちゃやさんがあるよ。

There were a lot of people there.

そこにはたくさん人がいたわ。

　　　◎thereには、「そこに」という意味もあります。

There will be a lot of people.

たくさん人がいるでしょうね。

"**Is there a night game tonight?**"
"**There might be.**"

「今夜ナイターあるかな？」「たぶんあるでしょ」

使える口グセ55 ……… ▶ 🎧 60

My bag was stolen while I was shopping.

マイ バッグ ゥワズ ストゥレン
ゥワイウ アイ ゥワズ ショッピン

買い物の間にバッグをとられちゃった。

◆～の間に（While I do）モード

＊なにかをしている間に別のことがらが起こるのは珍しくありません。duringのあとには名詞を、whileのあとには主語＋述語の文がくる、と覚えておけばいいでしょう。

ほかの場面で応用しよう！

You fell asleep while you were watching TV.

ユー フェウ アスリー ゥワイウ ユー ワー ウォッチン
ティーヴィー

テレビを見ている間に寝ちゃったでしょ。

Can you dance while blowing bubbles?

ケニュー ダンス ゥワイウ ブロウィン バブウズ?

しゃぼん玉ふくらませながら踊れる？

◎whileのあとのyou areは省略してもいい。

Stand still while I brush your hair.

スタン スティウ ゥワイウ アイ ブラッシュ ユア ヘア

髪をとかす間、じっと立ってて。

While you were out, there was a phone call.

ママがいない間に電話があったよ。

I hope to see grandma during vacation.

お休みの間におばあちゃんに会いたいな。

Turn off the light as you go out, please.

出かけるときには電気を消してね。

《ポイント》asを使うと、その前後のことがらの同時性が高くなります。

It'll take a little while.

少し時間がかかるよ。

《ポイント》whileは「あいだ」という名詞としても使えます。

"What happened?"
"I slipped as I was getting off the bus."

「どうしたの?」「バスから降りるときに滑っちゃった」

167

使えるログセ56········▶ 🎧 61

Do you have something in your eye?
ドゥーユー ハヴ サムティン
インニュア アイ?

なにか目の中に入った？

◆なにか（something／anything）モード

＊ネイティブの子どもたちが意外と早く覚えるのが、somethingやanythingです。基本的に肯定文ではsome疑問文と否定文ではanyを使いますが、答えがyesを期待される疑問文ではsomeが使われます。

> ほかの場面で応用しよう！

ウッジュー　　　ライ　サムティン　　　　トゥー ジュリン?
Would you like something to drink?

なにか飲む？

アーデア　　　　エニィ レターズ　フォア ミー?
Are there any letters for me?

ママに手紙きてる？

エニィ　クエスチョンズ?
Any questions?

質問ある？

エニィ　　コンプレインツ?
Any complaints?

不満ある？

ハズ　　エニィワン　　スィーン マイ　ゥラケッ?
Has anyone seen my racket?

誰か私のラケット見なかった？

アー　　エニィ オヴ ディーズ　フォア ミー?
Are any of these for me?

僕のためのものはある？

レッミー　　　ノウ　　イフ ユー ニー　　　エニィティン
Let me know if you need anything.

必要なものがあったら言ってね。

《ポイント》anyやanythingが「なんでも」という意味のときは肯定文でも使います。

169

Look, someone has forgotten their umbrella.

見て、誰か傘を忘れてるわ。

《ポイント》someone、somebody、anyone、anybody、nobody、no oneは単数として扱います。ただし、複数になる場合もあります。

Nobody called, did they?

誰からも電話なかったわよね。

No one (Nobody) in the class did their homework.

クラスの誰も宿題をやってこなかったよ。

"What would you like?"
"I don't care. Anything."

「なに食べる？」「なんでもいいよ」

"Where would you like to go?"
"Anywhere will do."

「どこに行きたい？」「どこでもいいよ」

もっと〈トラブル&アドバイス〉のフレーズ 62

It's my fault.
イツ マイ フォウトゥ

ママがいけなかったわ。

I can't stand it!
アイ ケントゥ スタンディッ

耐えられない!

Is it that bad?
イズィッ ダッ バッ?

そんなにひどい?
◎「そんなに」をthatやsoで表します。

Flip them upside down.
フリッ デム アプサイ ダウン

上下さかさまにしてごらん。

Be nice to each other.
ビー ナイス トゥー イーチ アダー

仲よくしなさい。

It can't be good.
イッ ケントゥ ビー グーッ

それはまずいね。

Yes and no./Half and half.
ィエス アン ノウ ハーファン ハーフ

どちらともいえないわ。

171

It'll do the trick.
こうすればうまくいくわよ。

Get the knack?
コツをつかんだ?

Watch out!
気をつけて！

Have a heart!
かんべんしてよ！

Don't be so cranky!
やつあたりしないでよ。

◎Don't take it out on me. もよく使います。

It's now or never.
やるなら今よ。

Don't take it so seriously.
考えすぎよ。

That's the name of the game.

それが肝心なことよ。

Maybe I'm wrong.

たぶん思いすごしね。

Be a man!

男らしくしなさい。

Act your age.

もう大きいんでしょ。

I can't buy that.

納得できないわ。

◎buyは「納得する」という意味で使われることもあります。

What happened to you yesterday?

きのう何があったの?

What did you do that for?

何のためにそんなことしたの?

Who do you think you are?

自分を誰だと思ってるの?

173

"Get it?" "Got it." "Good."
_{ゲディッ?　　ガディッ　　グーッ}

「わかった?」「わかったよ」「ならいいわ」

"Are you for or against?"
_{アーユー　フォア オア アゲンストゥ?}

"I'm not with you on this."
_{アイム　ナッ　ウィジュー　オン ディス}

「賛成? 反対?」「これについては賛成しないわ」

◎「賛成する」という動詞agreeもよく使います。

"I picked up a bad cold."
_{アイ ピックトゥ　アッパ　バッ　コウウドゥ}

"Did you catch it from me?"
_{ディジュー　キャッチッ　フロム　ミー?}

「ひどい風邪をもらっちゃったわ」「僕からうつったのかな?」

一口メモ　英語でゲームしよう

　Monopoly（モノポリー）というゲームがある。懐かしい、と思う人も多いかもしれない。

　アメリカでロングセラーのこのボードゲームは、日本でもずいぶん前からおなじみだ。

　最近、輸入品の通販で英語版を手に入れ、家族で楽しんでいる。ゲームは土地売買をしながら財産を増やすという、昔のアメリカンドリームっぽい内容。

　はじめは「えー、英語でやるの?」と引き気味だった子どもたちもすぐに夢中になった。

「うわっ、Go to jail.（監獄行き）だ」
「やった、Inherit!（遺産相続）」
「Payだ、はいはい払えばいいんでしょ」
「Collect $200、早くちょうだい」と盛り上がり放題。

　ついでにお金の計算にも強くなるという、思わぬ利益もあるかもしれない。コンピュータゲームよりおすすめだ。

II これでなっとく！お悩みバスターズ

英作文するのにいつも悩む
あんなこと、こんなこと。
私もすごく苦労しています。
theやaをつけるつけない、単数か複数か、
そして前置詞の選び方など、
一挙解決を試みました。

1. 単数、複数、どっちにする？

単数形にするか、複数形にするか、悩むことがありますね。英語では、可算名詞（単数、複数の区別があるもの）、不可算名詞（たくさんあっても単数のままのもの）と呼んで区別しています。

〈よく使う不可算名詞〉

アイ ライク ゥライス
I like rice.

僕はごはんが好きだよ。

デアズ　　　サンディン　　マイ　シューズ
There's sand in my shoes.

靴に砂が入っちゃったよ。

イッワズ　バッ　ラッ
It was bad luck.

運が悪かったね。

ウィ　ドン　ハヴ　イナッフ　ゥ**ワ**ーター
We don't have enough water.

水が足りないわ。

アイ ハヴァ　リル　**ホ**ウムワーク
I have a little homework.

ちょっとしか宿題がないよ。

イッワズ　グッ　アドゥ**ヴァ**イス
It was good advice.

いいアドバイスだったわ。

176

There's too much noise!
うるさすぎるわ!

We didn't do much shopping.
たくさんお買い物しなかったわ。

Can I have some sugar, please?
お砂糖とってくれる?

> **ポイント!** 不可算名詞も、a bowl of rice、a drop of water、a piece of music のように「一杯の」や「一滴の」などをつければ数えた気になれます。ピアノの一曲ずつ売られている楽譜が「ピアノピース」と呼ばれているのはそういうわけなんですね。

〈いつも複数形で使われるおなじみの名詞〉

Your pants are too long.
ズボンが長すぎるわ。

Where are my scissors?
僕のはさみどこ?

I need some new sunglasses.
新しいサングラスがほしいわ。
◎=I need a new pair of sunglasses.

Those are cool jeans.
かっこいいジーンズね。

ポイント！ sがついていても単数の名詞、sがなくても複数の名詞があります。

ゥワッ タイムィズ ダ ニューズ オン ティーヴィー?
What time is the news on TV?

ニュースは何時から？

イツ ニューズ トゥー ミー
It's news to me.

それは初耳よ。

トゥリー **イ**ヤーズ **イ**ズァ ロング タイム
Three years is a long time.

3年は長いよね。

ダ ポリス ハヴァレスティッ ダ マン
The police have arrested the man.

警察がその男を逮捕したって。

◎警察官はpolice officerで、数えられます。

メニィ ピーポウ **ド**ン ハヴ イナッフ トゥー **イ**ーティン
Many people don't have enough to eat in
ダ ゥワーゥドゥ
the world.

世の中にはお腹をすかせている人がたくさんいるのよ。

ポイント！ ひとつの単語で加算名詞にも不可算名詞にもなるものがあります。

ダーディズ ゥリーディンガ ペイパー
Dad is reading a paper.

パパは新聞を読んでるよ。

アイ ニー サム ペイパー トゥー ゥライトン
I need some paper to write on.

書くものない？

アイ ハダ グッ タイム
I had a good time.

楽しかったよ。

アイドン ハヴ タイム
I don't have time.

時間がないよ。

2. The をつける？ つけない？

日本語にはない冠詞。習慣的なものが多いので、理屈ぬきに覚えたいところ。いつも通っている学校にはtheがいりませんが、お母さんがたまに行く場合にはtheをつけます。bed、work、homeなども、いつも決まったものですので、theはつきません。ですが、hospital、bank、station、moviesにはたいていtheがつきます。

アイム ゴウイントゥー スクーウ ディス サンデイ
I'm going to school this Sunday.

今週の土曜日学校に行くよ。

スクーウ ビギンズァッツ エイ ターティ
School begins at 8:30.

学校は8時半に始まるよ。

アイウ ビー アッダ スクーウ ディス アフタヌーン
I'll be at the school this afternoon.

今日の午後学校にいるわよ。

イツ タイム トゥー ゴウ トゥー チャーチ
It's time to go to church.

教会に行く時間よ。

ウィアー ゴウイントゥー ダ チャーチ フォア デア
We are going to the church for their
ウェディン
wedding.

結婚式のために教会に行くのよ。

レツ ウォーク トゥー ダ ステイション
Let's walk to the station.

駅まで歩きましょう。

アイ ディドゥン ゴウ トゥー ゥワーク イエスタデイ
I didn't go to work yesterday.

昨日お仕事に行かなかったわよ。

ポイント！ 世の中にひとつしかないものにはたいていtheをつけます。ただし宇宙はspaceのままです。

ダ(ディ) アース ゴウズ アラウン ダ サン、 アン ダ
The earth goes around the sun, and the
ムーン ゴウズ アラウン ダ(ディ)アース
moon goes around the earth.

地球は太陽のまわりを回り、月は地球のまわりを回るのよ。

レツ ルッカップ アッオーウ ダ スターズィン ダ スカイ
Let's look up at all the stars in the sky.

空を見上げて星を見ましょう。

ポイント！ 食事にはふつうtheがつきませんが、どんな食事かを表す形容詞がつくと、aもつけます。

ディジュー　ハヴ　ブレックファスティン　ベッ?
Did you have breakfast in bed?

朝ごはんをベッドの中で食べたの?

ウィ　ハドゥ　ランチ　アッ ヴェリィ ナイス ゥレスラン
We had lunch at very nice restaurant.

おしゃれなお店でランチを食べたのよ。

ウィ　ハダ　ヴェリィ　ナイス　ランチ
We had a very nice lunch.

すごくおいしいランチを食べたわ。

ポイント！ 楽器やラジオにはtheがつきますが、テレビやスポーツにはtheがつきません。

アイ ディドゥ ナッ ウォッチ ダ　　ニューズ　オン ティーヴィー バッタイ
I did not watch the news on TV, but I
ハーディッ　　トン　ザ　　レイディオ
heard it on the radio.

そのニュース、テレビでは見なかったけどラジオで聴いたわ。

マイ　フェイバリッ　スポーティズ　スキーン
My favorite sport is skiing.

僕の好きなスポーツは、スキーだよ。

アイ リッスン トゥー ダ　ゥレイディオ イン マイ　カー
I listen to the radio in my car.

クルマの中ではラジオを聴いてるわ。

ユー　オッフン　ウォッチ　テレヴィジョン
You often watch television.

よくテレビ見るわね。

3. 前置詞の使いわけ

理屈より習慣的なものですが、おおまかなルールは把握しておきましょう。

ポイント！　一日のうちの時間やクリスマスのような行事には at、曜日や日付けにはon（このonはよく省略される）、午前、午後、長い時間、月、年、季節にはinのことが多いようです。ただし「金曜日の朝に」のような場合は、on Friday morningになります。

ドゥーユー　ギヴ　イーチ　アダー　プレゼンツ　アッ
Do you give each other presents at
クリスマス?
Christmas?

クリスマスにはプレゼント交換する?

グランマ　ウィウ ビー アッ ホウム(オン)フライデイ
Grandma will be at home (on) Friday
アフタ**ヌー**ン
afternoon.

おばあちゃんは金曜日の午後には家にいるわ。

スィー　ユー　(オン) フライデイ!
See you (on) Friday!

金曜日に会おうね。

スィー　ユー イン　トゥー　ウィークス
See you in two weeks.

再来週会いましょう。

アイ ケイム ヒア フォア ダ **ファー**スタイム イン テン イヤーズ
I came here for the first time in 10 years.

10年ぶりにここに来たわ。

ユー テイカ ス**ウィ**ミン レスン
You take a swimming lesson
(オン)サタデイ モーニングス、 ゥライ?
(on) Saturday mornings, right?

土曜日の午前中はスイミングでしょ。

ウィ ガッ マリィドゥ (オン)エイプリウ エイツ
We got married (on) April 8 th.

パパとママは4月8日に結婚したのよ。

ポイント! 劇場、都市の前はin、イベントの場所としての家はat。

イッワズ ヴェリィ コウゥドゥ イン ダ ティアター
It was very cold in the theater.

劇場の中は寒かったわね。

パーティ アッ マイ ハウス
party at my house

うちのパーティ

ポイント! 乗り物の前は、onかinを使います。

オンナ バス、 オンナ チュレイン
on a bus (バスで)、 **on a train** (電車で)、
オンナ プレイン、 オンナ バイシクウ
on a plane (飛行機で)、**on a bicycle** (自転車で)、
インナ カー、 インナ タクスィー
in a car (クルマで)、 **in a taxi** (タクシーで)

183

ポイント！ 着く場所にはget to〜、arrive in(国、都市、町)、arrive at(狭い場所)

ゥワッ タイム デッジュー ゲットゥー オーサカ
What time did you get to Osaka?

何時に大阪に着いた?

◎=What time did you arrive in Osaka?

ゥワッ タイム アーユー ゲティントゥー ゥワーク?
"What time are you getting to work?"

ウィウ スィー ウェダー イツ クラウディドゥ
"We'll see whether it's crowded."

「何時に会社に着く?」「道が混んでいるかによるね」

〈**in**〉

ゥワッ ドゥーユー ハヴィン ユア ハン?
What do you have in your hand?

手になにを持ってるの?

ゥワッ ドゥーユー ハヴィン ユア マウ?
What do you have in your mouth?

口になにが入ってるの?

フー イズ ダ ガーウ イン ダッ フォトグラフ?
Who is the girl in that photograph?

この写真の子だれ?

アイ プリファー トゥー スィッティン ダ フロント ゥロウ
I prefer to sit in the front row.

一番前の列に座りたい。

The telephone is in the corner of the room.

電話はこの部屋の隅にあるわ。

You are in the way.

じゃまよ。

◎= You are in my way.

I fill in this form.

この書類に書き込まなくちゃ。

I called in sick for you.

病気でお休みするって電話しておいたわ。

Your heart isn't in it.

集中してないわね。

Put your umbrella in the stand.

傘は傘立てに立ててね。

〈**at**〉

Turn left at the traffic light.

信号で左にまがって。

Takuya is away at school.
タクヤ イズ アウェイ アッ スクーウ

タクヤは今学校に行ってていないわ。

Dad is at work.
ダーディズ アッ ゥワーク

パパは会社よ。

Meet me at the station.
ミー ミー アッ ダ ステイション

駅に迎えにきて。

Are you mad at me for being late?
アーユー マッダッミー フォア ビーング レイ?

遅れたこと、怒ってる?

The public telephone is at (on) the corner of the street.
ダ パブリック テレフォン イズ アッ(オン) ダ コーナー オヴ ダ スチュリー

電話ボックスは角にあるわ。

〈 on 〉

You can find the listing of TV program on page 7.
ユー ケン ファイン ダ リスティンゴヴ ティーヴィー プログラモン ペイジ セヴン

テレビ番組は7ページに出てるわ。

Write your name on the back (front) of this piece of paper.
ゥライチュア ネイモン ダ バック(フロン) オヴ ディス ピース オヴ ペイパー

この紙の裏(表)に名前を書いて。

Grandma came on the 6:00 train.
グランマ ケイムン オン ダ スィックス チュレイン

おばあちゃんは6時の電車で来たわ。

Hold on.
ホーウドン

待って。

I fell on my rear end.
アイ フェウ オン マイ ゥリア エン

しりもちついちゃった。

It looks nice on you.
イッ ルックス ナイソン ユー

似合ってるわ。

It's on the tip of my tongue.
イッツォン ダ ティッポヴ マイ タン

のどまで出かかってるのに。

It was on sale.
イッワズ オン セイウ

バーゲンで買ったの。

Are you on the tall side?

背は高いほう?

〈 by 〉

Did you come here by car (in your car) or on foot?

クルマ(自分の)で来た? それとも歩いてきたの?

Come and sit by me.

こっちに来てとなりに座って。

I know him by sight.

あの子、見たことあるわ。

My English is not very good, but it's enough to get by.

ママの英語はたいしたことないけど、なんとかなるわ。

〈 with 〉

Would you open the door with the key?

このカギでドアを開けてくれる?

アイム　フェッダッ　ウィズィッ
I'm fed up with it.

もうあきたわ。

フィゥ　ディス　ポッ　ウィズ　ゥワーター
Fill this pot with water.

このポットにお水をいっぱい入れて。

ディジュー　メイカッ　ウィズ　ハー?
Did you make up with her?

仲直りした?

テイキュア　アンブレラ　ウィズ　ユー
Take your umbrella with you.

傘をもっていきなさい。

〈 to 〉

ドゥーユー　ティンク　ウィゥ　ファインダ　ソリューション　トゥー
Do you think we'll find the solution to the
ダ　プロブレム?
problem?

その問題は解決できると思う?

フー　アー　ユー　トーキン　トゥー?
Who are you talking to?

誰と話してるの?

ドゥーユー　ノウ　ゥワッ　ウェイ　トゥー　ゴウ?
Do you know what way to go?

どの道を行けばいいか知ってる?

I came to like sushi.
_{アイ ケイム トゥー ライ スシ}

おすしが好きになったよ。

⟨ for ⟩

I'm sorry for the noise.
_{アイム ソーリィ フォア ダ ノイズ}

うるさくしてごめんね。

I'm sorry for her (him).
_{アイム ソーリィ フォア ハー(ヒム)}

あの子かわいそうだったね。

⟨ of ⟩

I'm a little short of money.
_{アイム ア リル ショートヴ マニー}

お金が少し足りないよ。

That's a typical of you.
_{ダッツァ ティピカウ オヴ ユー}

あなたらしいわね。

⟨ about ⟩

I dreamed about you last night.
_{アイ ジュレム アバウチュー ラスナイ}

ゆうべ夢にママが出てきたよ。

アイ ゥワリィダバウチュー
I worried about you.

心配したわよ。

イッ ダズン マター アバウトゥ ウィニン
It doesn't matter about winning.

勝つことはそんなに大事じゃないわ。

〈into〉

カッ ディ エプウ イントゥー スモーウ ピースィズ
Cut the apple into small pieces.

りんごを小さく切って。

〈up〉

ルッ キッ アッ
Look it up.

調べなさい。

4. haveのいろいろ

haveという動詞は、いろいろな意味で使うことができるので、とっても便利。使いこなしましょう。

〈誰かに何かをしてもらう〉

ディジュー ハヴ ユア ヘア カッ?
Did you have your hair cut?

髪切った?(意味的には髪を切ってもらった)

191

I think you should have your hair cut.
髪を切ったほうがいいわ。

I don't like having my picture taken.
写真を撮られるのは好きじゃないの。

〈食べる〉
I have breakfast at 7.
朝7時にごはんを食べるんだ。

〈遭遇する〉
I had an accident.
事故にあっちゃった。

〈催しがある〉
You have a birthday party today.
今日はお誕生日パーティね。

〈したい、ほしい〉
May I have a look?
見てもいい?

〈産む〉

Aunt Hiromi had a baby.
アントゥ ヒロミ ハダ ベイビィ

ヒロミおばさんに赤ちゃんが生まれたのよ。

〈過ごす〉

Have fun.
ハヴ ファン

楽しんでね。

Did you have fun?
ディジュー ハヴ ファン

楽しかった?

◎=Did you have a nice time?

She says she's having a nice time.
シー セズ シーズ ハヴィンガ ナイス タイム

(旅の絵ハガキを見ながら)楽しんでいるんですって。

〈いる〉

I have a brother.
アイ ハヴァ ブラダー

私にはお兄ちゃんがいるの。

〈飼っている〉

Yuki has a dog.
ユキ ハズァ ドッグ

ユキちゃんは犬を飼ってるよ。

〈ある（しばしばhave gotのかたちでも見かけます）〉

You have a fever.

熱があるわね。

I have a stuffy nose.

鼻がつまってる。

I have a memory like a sieve.

物覚えが悪くて。

Have more guts!

もっと勇気を出して。

Do you have much homework to do?

宿題たくさんあるの?

You have a short temper.

短気ね。

◎=You have a quick temper.

〈よくないことが起きる〉

I had my leg broken in a fight.

ケンカで足を折っちゃった。

<ruby>I<rt>アイ</rt></ruby> <ruby>had<rt>ハッ</rt></ruby> <ruby>my<rt>マイ</rt></ruby> <ruby>car<rt>カー</rt></ruby> <ruby>crushed.<rt>クラッシュトゥ</rt></ruby>
I had my car crushed.

クルマをぶつけられちゃった。

<ruby>Mom,<rt>マム、</rt></ruby> <ruby>have you<rt>ハヴユー</rt></ruby> <ruby>ever<rt>エヴァー</rt></ruby> <ruby>had your<rt>ハッジュア</rt></ruby> <ruby>bike<rt>バイク</rt></ruby>
Mom, have you ever had your bike
<ruby>stolen?<rt>ストウレン?</rt></ruby>
stolen?

ママは自転車盗まれたことある？

〈味がする〉

<ruby>It has<rt>イッハズ</rt></ruby> <ruby>a<rt>ア</rt></ruby> <ruby>strong<rt>スチュロン</rt></ruby> <ruby>flavor.<rt>フレイヴァー</rt></ruby>
It has a strong flavor.

味がこいね。

<ruby>It has<rt>イッハズ</rt></ruby> <ruby>a<rt>ア</rt></ruby> <ruby>weak<rt>ウィーク</rt></ruby> <ruby>flavor.<rt>フレイヴァー</rt></ruby>
It has a weak flavor.

味がうすいね。

お母さんと子どものためのスピーチクリニック

コツを覚えるコツは、おおげさぐらいにすること。
むずかしい「th」は、舌をかんだまま「タチツテト」、
もしくは「ダヂヅデド」と発音するとネイティブの
子どもに近くなる。母子で一緒に練習しよう!

① **つい「ア」と発音したくなる「a」は、いっそ「エ」と発音しよう。**

例) hands なら、「ハンズ」よりも、「ヘンズ」、cat なら、「キャッ」より「ケッ」のように。

② **単語をひとつずつ区切りすぎないで言い切ろう。**

例) Close the door. なら「クローズ ザ ドア」よりも「クローザドア」のように。

③ **むずかしい r と l の発音は、こう使い分けよう。**

rの場合……うがいをする感じで、巻き舌にして「ウー」と言いながら上を向いてみよう。その感じのまま rice なら「ゥライス」、run なら「ゥラン」のように言ってみる。

lの場合……決して巻き舌にせず、舌は上の歯ぐきにつけて「ラ」「リ」「ル」「レ」「ロ」。語尾が l で終わっているものは、「ア」「イ」「ウ」「エ」「オ」っぽく発音する。

例) ball は、「ボール」よりも「ボーウ」、school は「スクール」よりも「スクーウ」のように。

④ いつも「オ」と発音している「o」は、あくびをする時の「ふあ〜」の口のかたちで「ア」と言ってみよう。

例）stopは、「ストップ」よりも「スタップ」、hotは、「ホット」よりも「ハット」のように。

⑤ 語尾の「p」「t」「d」「ck」「g」など、母音が残らない音のコツをつかもう。

例）getの「t（トゥ）」が「to（ト）」と聞こえないように。難しい人は、「ゲット」になるくらいなら「ゲッ」だけのほうがいい。同じようにstopの「p」が「pu」と聞こえてしまうなら「スタッ」、bedは「ベッ」というつもりで。

⑥ 語頭の「n」は、小さな「ン」を言ってから「ナ」「ニ」「ヌ」「ネ」「ノ」を言ってみよう。

例）noは「ノー」よりも「ンノウ」。

⑦ 語尾の「n」は「ン」よりも「ンヌ」と発音しよう。

例）manは「マン」より「マンヌ」。

⑧ そのほか、「f」「v」は下唇をかむ、「th」は舌をかむという常識はおさえておこう。

【巻末付録】使いたい表現がすぐにわかる！索引

あ　行

語	ページ
アーティスト	125
あいさつする	34
アイス	77
会いたかった	144
あいだに	166,167
開いている	138
会う	39,131,137,152,167
会える	101
仰向けに	67
赤	103
赤ちゃん	75,193
あきる	189
開く	134
あくびする	41,88
開ける	75,81,98,188
あける	120
あげる	28,29,105
朝7時	192
朝ごはん	181
足	24
味がうすい	195
味がこい	195
味がする	146
明日	39,40,73,126,155
足を折る	194
遊びに行く	25
遊ぶ	65,78
あたたかい	102
新しい	143,165,177
当たる	136
熱い	118
あと2年	39
後で	159
あとは	105
アドバイス	176
アドレス	33
あなた次第	129
あなたのもの	81
あなたらしい	190
脂っこい	118
雨	149
雨が降る	48,49,61,73,133,159,161
雨がやむ	50,53,73,135
アメリカ	25
あやとり	141
あやまる	59
洗う	22,29,126
ありがとう	87,131
ある	38,91,137,165,194
歩いて帰る	152
歩き回る	148
歩く	83,102,145,180,188
あわてる	164
あんなこと	131
あんなに	102
いい一年	46
いい考え	154
いい子にする	98
いい天気	80
いいわよ	77
言う	17,34,35,59,91,102,126,128,131,141,169
家	145,146
家にいる	182
家に帰る	55,79,144,153
いかがですか？	79
意気	66
行きたかった	144
行く	24,39,40,44,78,79,121,130,136,149,170
行くしかない	129
いくつまで	108
いくら？	108
いけない	171
行ける	155
いじめる	106
イス	117
急ぐ	33,51,55
痛い	45
いたっ！	102
一台もない	138
一度もない	71
一日中	55
一番暑い	111
一番いい	110,111
一番がまん強い	111
一番幸せ	111
一番高い	111
一番前	184
いつ	39,149
いつから	25,45
一生のうち	111
一緒に	28
言ったとおり	112
いっぱい	189
いつも	18,30
いつものこと	113
いつものように	113
いない	186

198

いなきゃいけない	54
犬	31,60,61,193
いびきをかく	41
今	18,30,97,101,129,131,163
今行く	39
今頃	160
今まで	111
意味	64
いらない	57
いる	121,137,164,165,193
入れる	29,59,117
色	103
言わない	97
いんちき	66
動かす	28,133
うそ	59
うちに帰る	46
宇宙飛行士	37
うつる	174
腕	152
うまくいく	172
うまくなる	84
生まれる	47,193
海	55
裏	187
うるさい	177
うるさくする	16,190
うん	147
運が悪い	176
運転する	71,136
運動する	141
絵	125
映画	40,47,78,99,111,115
映画館	47,157
英語	188
英語で	108
描く	125
駅	149,180,186
選ぶ	93
おいしい	181
おいしそう	146
お医者さん	35,36,89
応援する	98,103
大きい	173
大きい声	35
大きいほどいい	84
大きくなる	45,50,125,161
大きすぎる	117
大きな声	120
大声でどなる	59
大盛り	143
お母さん	121,147
お菓子	45
お金	27,57,117,190
お金持ち	129,144
お変わりありませんか？	149
起きている	24
起きる	20,21,31,53
置く	65
遅れない	54
遅れる	32,51,58,128,140,158,163,186
おこづかい	57,77
怒らせる	106
起こる	61,125
怒る	33,51,137,186
お皿	126
お散歩	81,109
おじいちゃん	30,73
教える	128,137,141
おじさん	136
おしっこ	126,127,143
おしゃべり	91
おしょうゆ	74,76
お城	145
押す	133
おすし	190
お世話になりました	149
遅い	20
おそうじ	87
遅くなる	58
遅くまで	24
お誕生日	192
落ち葉	87
落ちる	61
おてんば	65
音	19
男の子	164
男らしい	173
おとな	109
おとなり	89
踊る	134,166
おどろく	115
同い年	85
お腹がすく	47,55,92,93101,178
おにいちゃん	193
お肉	80
お願い	75
お願いする	73
おばあちゃん	39,131,158,167,182,187
おばさん	109,193
お昼	21,98,160
お風呂	18,20,21,85
お弁当	27
覚えている	30,55,132
お店	40,138,161,181
お見舞い	101

199

思いすごし	173
思いつく	63,90
思う	25,107,125,155,189
おもしろい	18,115
おもちゃや	165
思ったより	83
表	187
お休み	40,167
おやすみ	106
お休みする	185
お湯	17
泳ぐ	61,117
泳げない	107
降りる	167
オレンジジュース	97
終わらせる	53,87
終わる	47,54,118
音楽	115
女の子	91,133
女の人	89

か行

解決する	189
会社	184,186
外食する	93
買い物	130,166,177
飼う	31,193
買う	57,58,90,136,141
買うしかない	129
帰ってくる	104
換える	127
帰る	20,51,52,53,54,87,97,127,140
変える	76
顔	22,64
かぎ	132,188
書き込む	185
書く	179
書くもの	27
傘	27,103,137,161,170,185,189
傘立て	185
かしこい	145
〜かしら	125
貸す	77
風邪	174
風邪をひく	156
数える	108
ガソリンスタンド	163
かたい	80
勝つ	145,191
がっかりする	106,115,136
かっこいい	177
学校	19,30,32,55,179,186
ガッツ	27

角	186
悲しい	106
壁	102
噛まれる	136
がまん強い	83,111
紙	155,187
髪	128,157,166
髪を切る	191,192
髪をとかす	41
髪を結ぶ	75
カメラ	102
科目	103
かもね	160
火曜日	38
カラス	60
刈り取る	113
カレー	70
川	61
かわいい	80
かわいそう	190
代わる	77,120
考えさせて	105
考えすぎ	172
考える	63
肝心な	173
簡単	70,83
がんばって	67,106
かんべんしてよ	172
聞いたことがない	47
着替える	158
聞く	37,67,105,137,160,163
きげん	51
聞こえる	31,61,120
汚い	117
気づく	61,101,153
きっと	125,129
切符	59
気に入る	72,125
昨日	24,85,90,111,152,159,180
気分	30
気分が悪い	36
今日	38,40,45,60,106,146,192
教会に行く	180
行儀よくする	149
今日の	179
嫌い	31,107
切る	120,128,191
着る	158
きれいな	145
気をつけて	172
銀行	164
緊張する	141
金曜日	39,182

200

口	184
靴	19,87,176
配る	66
クラス	164,170
クリスマス	127,182
クリスマスパーティ	36
来る	28,36,39,163,188
クルマ	78,181,183,188,195
警察	178
携帯電話	100,121,137
携帯番号	30
ケーキ	102
ゲーム	45,56,77,118
ゲームの親	67
ケガ	90
劇場	183
消す	57,167
結婚式	180
結婚する	47,183
月曜日	38,53
けど	149
ケンカ	133,194
ケンカする	49
玄関	132
元気	146
後悔する	131
合格する	125
交換する	182
こうすれば	172
紅茶	82
声をかける	101
コーチ	33
コーヒー	79,82
氷の上	145
ごきげん	41
午後	38,179,182
ここに	164,183
5時	52
ご愁傷さま	59
午前中	38,183
コツ	172
こっち	103
今年	111
ことにした	140
このところ	45
ごはん	55,176
ごはんよ!	92
ごはんを食べる	192
コピー	155
小耳にはさむ	23
ゴミを出す	39
ごめんね	58,190
これ以上	99
これから	110
これで決まり	67
ころがる	67
こわい目にあう	50
怖い夢	41
壊す	23
今週の	179
こんにちは	126
コンピュータ	35
今夜	73,158,165

さ　●　行

最近	46
最近どう?	149
最高の人	111
最高のモヒカン	111
最後まで	105
最初の日	62
さいふ	45,117
探す	48
逆立ち	157
さかな	107
刺される	24
サッカー	60,115
サッカーシューズ	143
砂糖	177
寒い	85,183
さようなら	126
再来週	182
さわる	113,124
30分	77
サングラス	177
3歳	49
賛成	174
3年	178
3年め	47
3年来	55
残念	59
散歩	60
試合	115
ジーンズ	177
しかたない	139
4月8日	183
時間	20,21,56,179
時間がかかる	167
時間がない	138,179
敷く	74
しけっている	92
事故	61,90
仕事中	16
仕事に行く	180
事故にあう	192
しすぎ	177

201

しそう	145,146
したい	142,143
〜したことがある	70
したほうがいい	162
7時	31
しっかりしなさい	163
しつこい	116
知ってる	47,89,153,160
じっと	166
質問	169
〜してくれる？	74,98,177
してごらん	134
自転車	132,183,195
しなければいけない	126
しなければよかった	163
死ぬ	23
自分	113,173
閉まっている	164
閉める（ドアを）	97
しめる（かぎを）	132
写真	184,192
シャツ	117
しゃべる	89,153
しゃぼん玉	166
じゃま	185
じゃまする	58
シャワー	159
11時半	40
10時半	53
10分に1本	54
10年	47
10年ぶり	183
10倍	85
12月	55
集中する	185
自由に	148
週に1回	109
じゅうぶん	109,116
宿題	26,29,53,170,176,194
出発	40
出発する	54,162
順番に	128
しょうがない	88
上下さかさま	171
じょうずに	37
じょうだんはよして	119
しようとしている	134
食事のおはこび	87
ショック	115
しょっぱい	147
書類	185
知らせ	139
知らせる	104,105
知らない	161
調べる	191
知りたい	144
しりもちをつく	187
知る	79,137
信号	185
身長	108
心配する	191
新聞	178
スイッチ	121
水筒	27
ずいぶん経つ	45
スイミング	183
スープ	118
好き	63,82,83,103,121,134,176
スキー	181
好きじゃない	134,157,192
好きな	181
好きなの	93
好きなように	113
好きになる	190
好き嫌い	80
すぐ	36,97
すぐに	125
すごい	149
少し	90,167,190
ずっと	48
砂	176
スピード違反	131
滑る	167
スポーツ	181
ズボン	177
隅	185
住む	25,46,134,157
する	16,112,131
〜する価値がある	99
ズル休みする	106
〜するんじゃなかった	102
座る	117,184,188
背	83,188
正解	65
セーター	121
〜せずにいられない	88
絶対に	54,97
先生	34,39,124
洗濯	88
洗濯機	29
全部	164
そう	33,34,107
そうしたいだけ	143
そうじゃないよ	67
そうしよう	98
そうするしかない	129,155

そうだね	33,73
そうっと	93
そうでもない	85,119
そうなのよ	159
そうはさせない	97
そうよ	67
そこ	29,71
そこには	165
そそられる	148
卒業	39
そっくり	147
外で	78,90
外に出る	135
その調子	130
そのとおり	119
その時	27,47,54
そのままに	113
そのまま待つ	120
そばにいる	148
空	180
それじゃだめだね	124
それでも	121
そろそろ	21
そんなこと	66
そんなところかな	119
そんなに	163,171

た行

大事	191
たいしたことない	154,188
体重	83,108
大丈夫	124
大好き	31
逮捕する	178
タイミングが悪い	21
太陽	30,180
耐えられない	171
倒れる	146
高い熱	36
たくさん	60,163,165,177
タクシー	140,183
助かる！	88
助けて	50
正しい	146
たたむ	74
立ち止まる	133
立つ	49,166
だっこする	29
〜だったら	100
立てる	185
楽しい	130,149,179
楽しみ	131
楽しむ	17,193

頼む	99
たぶん	160,165
食べすぎ	45,92,160
食べたいだけ	85
食べたかった	144
食べちゃう	92
食べる	47,51,70,76,98,101,118,127,
	143,144,160,163,170,181
食べるもの	138
タマゴ	79
だめ	126,128,139
たよりにする	17
足りない	176,190
足りる	117
誰	34,90,120,170,184,189
誰か	121,169,170
誰にも	35,141
短気	194
誕生日	30,79
小さく	191
チーズ	89
チーズケーキ	85
チーム	98,103
違いない	129
近くに	165
地球	30,180
ちくる	65
遅刻	113
遅刻する	33
ちゃんと知ってる	17
チャンネル	76
チャンピオンになる	125
ちょうどに	54
ちょうどよくなる	161
チョコケーキ	85
チョコレート	163
ちょっと	74,92
ちょっとしか	176
散らかす	119
チンする	31
ついている（ラッキー）	45
ついている（そばにいる）	66
使う	35
つかまえる	66
疲れている	101,146,162
疲れる	54
月	180
着く	46,47,149,184
つくる	70,88,152,162
伝える	34
つまらない	107
つもり	158
連れていく	109

203

手	184	とっくに	21
ディズニーランド	24,101	どっち	83,103
テーブル	133	どなたですか	120
出かけに	132	となり	91,188
出かける	30,41,50,167	とにかく	143
手がふさがる	75	どの	103,149,189
手紙	132,169	どのぐらい	49,108,109
できる	24,91,100,102	とぼけないで	154
でしょ	126	泊まる	39,91
手伝う	28,29,75,86,87,88,97,102,131	友だち	65,84
出て行く	53	土曜日	179,183
出ている	186	ドライブ	78
出てくる	91	取られる	166
テニス	49,109,130,159	鳥	61,136
でよかった	133,134	とりかかる	162
出る	33,96,163	とる	74,177
テレビ	18,117,152,166,181,182	撮る	192

な　行

テレビ番組	186	ない	117,155
手をふる	153	ナイター	165
電気	57,167	長い	177,178
電球	127	泣かせる	106
電車	54,183,187	仲直り	189
電話	77,120,167,170,185	仲間に入る	67
電話が鳴る	152	仲よくする	171
電話する	36,73,97,100,132,158,162,185	流れ星	60
電話ボックス	186	鳴き声	61
ドア	75,81,97,134,188	泣く	157
～といいな	72,73	なくす	23,59,91,137
トイレ	40,51	納豆	31
どう？	63,149,154	納得する	173
どう言う？	64	夏休み	79
どういう意味	64,128	7ページに	186
どういうこと？	62	なに	16,17,55,121,125,152,170
どうしたの？	64,167	なにか	51,61,91,101,113,142,143,168,169
どうして	25,63,91	なにが	79,173
どうしよう	163	何がいい？	78
どうする	64,79,135,136	何になる	50
どうだった？	62	何の	121
どうだっていい	64	なにを	48,73,153,158,162,184
どうなったか	105	名前	90,187
どうなってるの	17	ならいいわ	118,174
どうなるか	62	なりたい	37
どうやって	62	鳴る	41,90
遠い	83	なるべく早く	162
とかす	166	なれたらな	136
ときに	152,167	慣れる	19
時計	27	何歳？	109
時計回り	64	何時	40,178,184
どこ	40,89,177	なんて	35
どこでもいい	170	なんでもいい	170
どこに	39,44,79,121	なんとかなる	158,188
どしゃぶり	17		
どちらともいえない	171		

204

何日	39	歯が痛い	25
何人	164	はかせる	87
何年	46	ばかり	47
何のために	173	はく	87
何曜	40	運ばれる	90
似合う	90,187	はさみ	65,177
におい	146	走ってくる	48
においがする	61	始まる	40,47,90,179
2回め	71	はじめて	55,71
2回休み	66	場所	120
苦手	103	はず	21
逃げる	60	バス	33,54,60,79,138,149,167,183
20分	49	ハチ	24
似ている	147	鉢植え	75
二度とない	124	8時	30,53
2年間	25	8時間	127
日本で	111	8時ごろ	152
入院する	101	8時半	179
ニュース	114,115,178,181	罰金	131
～による	184	バッグ	105,166
妊娠何カ月	109	初耳	178
盗む	195	花	90
～ね	80	鼻がつまる	194
ね、	81	話	110
願う	107	話す	51,120,133,189
猫	31,61	パパ	16,53,77,89,97,100,106,120,121,131
熱がある	194		132,137,145,152,160,178,183,186
寝ている	35,53,54,141,161	早いほどいい	84
寝てる	16,21	早起き	19,126,134
寝坊する	81	早く	33,83,84,102
寝る	20,21,84,127,143,162,166	早くする	32,134
ねんざ	24	晴れる	17,159
ノート	58	ハワイ	71
残さず食べる	92	パンク	23
残っている	90,139	番組	63
～のこと	91	反抗期	81
残り物	127	半熟	79
のど	187	反対	174
のに	135	反対に	134
～のほうがいい	49	日	55,111
のみこみがいい	84	ピアノ	84
飲む	142,169	ピアノを弾く	37
乗り遅れる	33	飛行機	40,183
のんきね	153	ひさしぶり	46
		左に曲がる	185
は　●　行		びっくりする	114
バーゲン	187	引っ越す	37
パーティ	144,183,192	必要な	169
パイ	70,88	ビデオに録る	63
歯医者	31,38	人	165,178
入っている	184	ひどい	171,174
バイバイする	34	ひみつ	153
入る	61,77,124,168,176	百万円	136

205

病院	90
病気	185
開く	40
ふき消す	24
拭く	159
服	90
服を着る	28
ぶつ	51
ぶつかる	102,195
ふとん	74
不満	169
ふりをする	115,141
プレゼント	79,125,182
ふわふわ	81
塀	61
〜べき	163
ベッカム	111
ベッド	128,181
べつに	149
べとべと	81
へび	136
部屋	61,119,185
ベル	90
勉強する	18,49,118
へんな	146
抱負	35
ぼーっとする	57,153
ポケット	59,117
星	180
ほしい	28,79,143,177
ボタン	133
ポット	189
ホットドッグ	70
ホテル	91
ほとんど	109,121
ポニーテール	75
本	99,130
ほんとう	91,119,159

ま　行

まあ！	119
毎日	31,109
前に	51,70
前は	156,157
前を見る	102
まかせる	105
まく	113
負け惜しみ	155
負ける	135
まさかね	124
まじめにする	148
まずい（味が）	147
まずい（よくない）	171
また	36
まだ	16,19,54,55
待たされる	49
またね	148
またやる	23
待つ	53,60,74,90,99,187
まで	53
までに	47,52,53,54
窓	98,159
まとめる	87
間に合う	55,73
ママ	30,82,83,91,96,107,113,115,135,136,
	147,163,167,169,171,183,188,190,195
マヨネーズ	141
回す	134
回る	30,67,180
見上げる	180
見える	61
見かけ	85
水	117,176
見すぎ	117
水をやる	75
見せて	105
〜みたい	140,145,147,162
見たことある	188
道	120,189
道が混む	164,184
見つける	51,137
見て	17,170
見て回る	148
見てみる	62,148
見てもいい？	192
ミニカー	137
観る	99
見る	18,60,75,152,169
ミルク	146
みんな	31,91,117
迎えにくる	29,186
むかつく	46
むずかしい	161
むだ	56,99
むだにする	57
無理	147
目	168
目が覚める	90
目覚まし時計	41
目をつぶる	53
面談	38
めんどくさい	120
もう	46,54,55,84,127
もう少しで	23,24
もうちょっと	83
燃える	61

もし～なら	101,135,136
もつ	26,27,105
もったいない	57
もっていく	161
もっている	184
もっと	194
戻る	36,128
物覚え	194
もらう	174
もれそう	159
文句を言う	18
問題	189

や行

野球中継	55
約束したとおり	113
約束する	140,141
役に立つ	136
やけどする	124,152
やせる	97,131,140
やつあたり	172
やったとおり	113
やったね	23
やっちゃだめ	35
やっている	31
やってみる	71
やっぱり	121,131,153
山	111
やめる	75,121,131,133
やらせて	105
やらなきゃだめ？	127,129
やりがいがある	161
やる	34,48,99,129
やるなら今よ	172
やるね！	66
勇気を出す	194
夕ごはん	78,143,152,162
夕食	130
夕食のしたく	87
ゆうべ	24,41,84,190
雪	41
雪になる	145,155
ゆっくり	83
夢	55,190
よい	91
よかった	102
よかったのに	113
よく	182
よく食べる	92
よくなる	73
横入りする	149
汚れている	159
よさそう	146

世の中	178
読み終える	130
読む	18,99,178
～より	82,83
寄る	163
よろしく	34

ら行

来週	39
来年	37,47
ラケット	169
～らしい	155
ラジオ	181
ランチ	181
乱暴	25
理科	137
りんご	191
冷蔵庫	89
列	184
列に並ぶ	148
練習する	48
連絡	33
ろうそく	24
6時	187
6カ月	109
ロボット	136

わ行

若い	84,85
わかった？	174
わかったよ	174
わかってる	21,121,139
わからない	62
わかる	63,91,139
わく	17
忘れっぽい	46
忘れる	23,58,131,132,161,170
渡す	33
笑う	88
悪い子	65
悪口	65

207

子どもと英語をきたえなさい

2003年5月14日　第1刷

著　者	戸張郁子
装　幀	川島　進（スタジオ・ギブ）
イラスト	本山理咲
発行者	田村隆英
発行所	エビデンスグループ **情報センター出版局** 東京都新宿区四谷2-1　四谷ビル　〒160-0004 電話：03（3358）0231 振替：00140-4-46236 URL: http://www.ejbox.com
印　刷	萩原印刷株式会社

©2003 Ikuko Tobari
ISBN4-7958-3992-1

定価はカバーに表示してあります。落丁本・乱丁本はお取替えいたします。